# ¡ARRIBA!

**4**

**Ana Kolkowska**
**Libby Mitchell**

**Adviser: Jacqueline Jenkins**

Heinemann

Heinemann Educational Publishers, Halley Court, Jordan Hill, Oxford OX2 8EJ
A division of Reed Educational & Professional Publishing Limited

OXFORD MELBOURNE AUCKLAND JOHANNESBURG IBADAN
BLANTYRE GABORONE PORTSMOUTH (NH) USA CHICAGO

First published 1998

2004   2003   2002
12  11  10  9  8  7  6  5  4

A catalogue record is available for this book from the British Library on request.

ISBN 0 435 39070 8

Produced by Gecko Ltd

Illustrations by Frederico Botana, Phill Burrows, Joan Corlass, Karen Donelly, Madeleine Hardie, Kath Walker and Gecko Ltd

Cover photograph by Getty Images

Printed and bound in Spain by Mateu Cromo

## Acknowledgements

The authors would like to thank Rachel Aucott, Chris Barker, Joan Henry, Ian Hill, Jacqueline Jenkins, Cathy Knill, Aleks Kolkowski, Gerald Ramshaw, Carmen Suárez Pérez, Kathryn Tate and all those who participated in the studio recordings for their help in the making of this course.

The authors and publishers would like to thank the following for permission to reproduce copyright material: **Patronato Municipal de Turismo, Ayuntamiento de Madrid** p.8, **Metro de Madrid** p.9, **Clara** (10/96) p.15 (8/94) p.25, **Ragazza** pp.24-25, **Renault España** p.41, **El País** p.90

Photographs were provided by **Impact** pp.10-11, **Empics** p.20, pp.22-23 and p.92 (top right), **Michael Busselle** p.44, p.45 (bottom right) and p.81, **Richard Bryant/Arcaid** p.80, **Retna** p.92 (top left), **Kobal Collection** p.92 (middle right). All other photos are by **Steve J. Benbow** and Heinemann Educational Publishers.

Every effort has been made to contact copyright holders of material reproduced in this book. Any omissions will be rectified in subsequent printings if notice is given to the publishers.

# Tabla de materias página

# En contacto

## 1 La red habla español

**1** Lee el correo electrónico y contesta las preguntas.

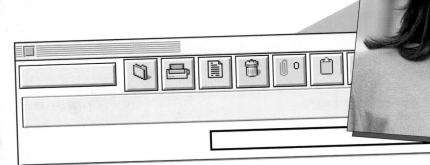

¡Hola amigos!

Busco un amigo por correspondencia español. Estudio español desde hace cuatro años y me gustaría practicar el idioma. Nunca he ido a España. Tengo 16 años. Soy inglesa y vivo en Londres. Adoro el fútbol. Juego en el equipo femenino de mi instituto. Mi equipo preferido es el Real Madrid. Me encantaría visitar España y ver un partido en el campo del Real Madrid. ¿Hay algún aficionado de fútbol que quiera ponerse en contacto conmigo? Si quieres enviarme un mensaje mi dirección de correo electrónico es s.miles@communicate.com. Si tienes mucha prisa puedes llamarme por teléfono, al 0181 600 9187. También me puedes enviar un fax al mismo número.

Saludos,

Sara Miles

**SOCORRO**

la red – *net*
el correo electrónico – *e-mail*
un amigo por correspondencia – *penfriend*
enviar – *to send*
un mensaje – *message*
llamar por teléfono – *to phone*

**1** ¿Cuánto tiempo hace que Sara estudia español?
**2** ¿Ha visitado España alguna vez?
**3** ¿Cuál es su pasatiempo preferido?
**4** ¿Por qué le gustaría visitar España?
**5** ¿Qué tipo de amigo por correspondencia busca?
**6** ¿Cómo se pueden poner en contacto con ella?

**2** Trabaja con tu compañero/a. Pregunta y contesta.

**1** ¿Cuánto tiempo hace que estudias español?
**2** ¿Has visitado España alguna vez?
**3** ¿Cuál es tu pasatiempo preferido?
**4** ¿Por qué te gustaría visitar España?
**5** ¿Qué tipo de amigo por correspondencia buscarías?
**6** ¿Cómo pueden ponerse en contacto contigo?

**GRAMÁTICA**

desde – since
desde hace – for

¿Quieres saber más?
Mira la página 103.

**3** Escucha la cinta. ¿Desde cuándo hacen estos jóvenes las distintas cosas?

 **4** Escribe una carta o un correo electrónico como el de Sara para un amigo por correspondencia español.

**5** Lee el correo electrónico de Mateo y contesta las preguntas.

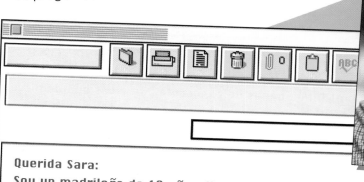

**Querida Sara:**

Soy un madrileño de 18 años. Yo también soy aficionado de fútbol y del Real Madrid. Es una sorpresa encontrar a una inglesa interesada en un equipo español. Estudio inglés desde hace 9 años pero no lo hablo muy bien. Tampoco he visitado tu país. ¿Te interesaría hacer un intercambio? Te invito a quedarte unos días en mi casa y así podemos ir a algún partido. Te encantará España. Contéstame pronto.
Un saludo,
Mateo Orejana

**Dirección de correo electrónico:** mateo.o@connect.com.
**No. de teléfono:** 33 50 44
**No. de fax:** 33 50 44
**Dirección:** c/ Ferrol 18, Barrio del Socorro, Madrid

**1** ¿Cuánto tiempo hace que Mateo estudia inglés?
**2** ¿Ha ido a Inglaterra?
**3** ¿A qué invita a Sara?

**6** ¿Aceptarías la invitación de Mateo? Escribe una carta o un correo electrónico aceptando o rechazando su invitación.

 **7a** Escucha la cinta y rellena la ficha con los números de teléfono y fax y la dirección de correo electrónico de las personas.

**7b** Pregunta a tu compañero/a los números de teléfono y fax y la dirección de correo electrónico de cada persona.

> ¿Cuál es el número de teléfono de Miguel?

> Es el 72 24 79 10.

> ¿Y su número de fax?

> Es el mismo.

# 2 Llegada internacional

Estimada Sara:

Acabo de recibir tu correo electrónico y me dices que vas a venir a Madrid. ¡Qué bien! Tengo ganas de conocerte. Me dices que llegarás el jueves a las doce y media, en un vuelo de Iberia desde Londres. Iré al aeropuerto a buscarte. ¡Llevaré mi camiseta del Real Madrid así podrás reconocerme! Si tienes algún problema puedes llamarme por teléfono o mandarme un fax.

Hasta pronto
Mateo

**1a** Imagina que eres Sara. Escribe una nota en inglés a tu madre explicando lo que dice el mensaje de Mateo.

**1b** Escribe el mensaje que Sara escribió a Mateo diciendo que va a ir a Madrid.

## GRAMÁTICA

**Acabar de** plus the infinitive describes something that has just happened. You can use this construction in the present or the imperfect:

Acabo de recibir tu carta. – I have just received your letter.
Acaban de anunciar un retraso. – They have just announced a delay.

Acababa de perder mi billete y el pasaporte y me puse a llorar. – I had just lost my ticket and my passport and I started to cry.

**¿Quieres saber más?**
Mira la página 103.

### acuérdate

| | |
|---|---|
| me – me | mi – my |
| te – you | tu – your |
| lo, la – him, her, it | su – his, hers, its |

Mateo acaba de recibir mi carta y dice que tiene ganas de conocerme.
Vendrá al aeropuerto a buscarme y llevará su camiseta del Real Madrid.

Si quiere dejar un recado, le llamaremos más tarde. Hable después de la señal …

**2** Escucha el mensaje que Sara deja en el contestador automático para Mateo. Contesta las preguntas.

- ¿Dónde está Sara?
- ¿Cuál es el problema? ¿Ha perdido su billete? ¿Hay un retraso? ¿Han cancelado el vuelo?
- ¿Llamará a Mateo al salir de Inglaterra o al llegar a Madrid?

**3** Imagina que eres Mateo. Acabas de escuchar el mensaje de Sara. Escribe una nota a tus padres explicando el problema que tiene Sara en el viaje.

**4** Elige un problema de los dibujos y explícaselo a tu compañero/a. Tu compañero/a tiene que escribir una nota explicando el problema.

| He perdido | el vuelo/mi billete/mi pasaporte/mi equipaje/mi maleta. |
| Hay | un retraso/un problema. |
| Han cancelado | el vuelo. |
| Hace | mal tiempo. |

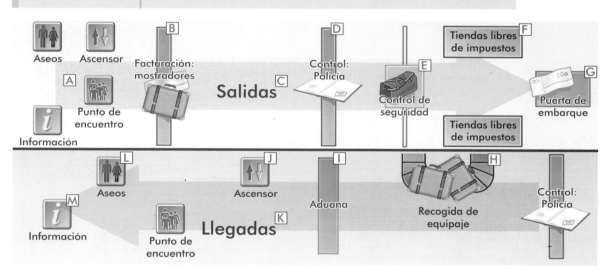

**5** Lee la lista de problemas y emparéjalos con los lugares apropiados en el dibujo del aeropuerto.

1 Busco a un amigo que viene de Brasil. ¿Dónde le espero?
2 ¿Dónde facturo el equipaje antes de pasar a la zona de salidas?
3 Necesito un horario de trenes y un plano de la ciudad.
4 Acaban de anunciar mi vuelo, ¿adónde tengo que ir?
5 ¿Dónde tienes que enseñar el pasaporte?
6 ¿Dónde voy a recoger el equipaje al salir del avión?

**6** Trabaja con tu compañero/a. Elige un problema de la lista de la actividad 5. Explícaselo a tu compañero/a. Tu compañero/a tiene que indicarte el lugar apropiado para solucionar tu problema. Hazlo por turnos hasta terminar todos los problemas de la lista.

*ejemplo*

Necesito un horario de trenes y un plano de la ciudad.

Mire, pídalos en información.

# ③ Cómo llegar al centro de la ciudad

**1** Lee la información sobre cómo llegar al centro de Madrid desde el aeropuerto. Contesta las siguientes preguntas.

El Ayuntamiento de Madrid le desea una feliz estancia en nuestra ciudad.

● **TAXI**

Dentro de la ciudad, incluido el aeropuerto y el Campo de las Naciones, el precio es el que marque en el contador más suplementos autorizados expuestos al público en la ventanilla trasera derecha del vehículo:

| | |
|---|---|
| Comienzo del viaje | 170 ptas. |
| Suplemento Aeropuerto | 350 ptas. |
| Suplemento Campo de las Naciones | 150 ptas. |
| Cada maleta | 50 ptas. |

*Precio aproximado*

Desde el aeropuerto, el taxímetro, en circunstancias normales de tráfico, marca alrededor de 1.500 a 2.500 pesetas, según punto de destino.

**EXISTE RECIBO OFICIAL CON NÚMERO DE LICENCIA TROQUELADA.**

*Taxi para minusválidos*

Mismas tarifas y suplementos.
Tels.: 547 82 00 / 547 85 00 / 547 86 00

● **BUS**

Línea AEROPUERTO-COLÓN (centro ciudad)
Cada 12 minutos. Desde 4:45 hasta 01:50 h.
Precio del billete 370 ptas.

**1** ¿Cómo se puede llegar al centro de Madrid desde el aeropuerto?
**2** ¿Cuánto cuesta el autobús?
**3** ¿Cuánto cuesta un taxi aproximadamente?
**4** ¿Cuándo sale el autobús?

 **2** Sara acaba de llegar al aeropuerto y pide información sobre cómo llegar al centro. Escucha la cinta y contesta las preguntas.

**1** ¿Se puede tomar el metro en el aeropuerto?
**2** ¿Cuánto tiempo tarda el autobús, más o menos, en llegar al centro?
**3** ¿De dónde sale el autobús?
**4** ¿Dónde se puede comprar el billete para el autobús?
**5** ¿Cómo decide Sara ir al centro? ¿Por qué?

**3** Trabaja con tu compañero/a. Por turnos, y empleando las preguntas de las actividades 1 y 2, pide y da información sobre cómo llegar al centro de Madrid desde el aeropuerto.

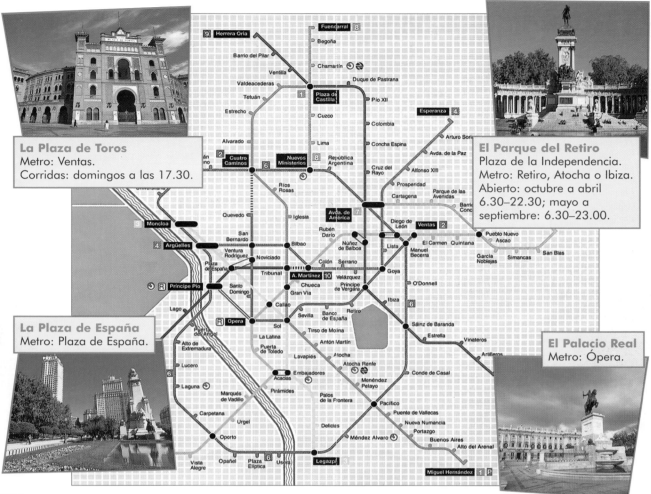

**La Plaza de Toros**
Metro: Ventas.
Corridas: domingos a las 17.30.

**El Parque del Retiro**
Plaza de la Independencia.
Metro: Retiro, Atocha o Ibiza.
Abierto: octubre a abril
6.30–22.30; mayo a
septiembre: 6.30–23.00.

**La Plaza de España**
Metro: Plaza de España.

**El Palacio Real**
Metro: Ópera.

**4**  Escucha la cinta y mira el plano del metro de Madrid. Contesta las preguntas.

1  ¿Dónde tiene Sara que tomar el metro? ¿En la estación de Colón o de Cuzco?
2  ¿Qué línea tiene que tomar primero?
3  ¿Tiene que cambiar de tren? ¿En qué estación? ¿En Sol o en Bilbao?
4  ¿Qué línea toma para llegar a la casa de Mateo?
5  ¿Dónde tiene que bajarse?
6  ¿Con qué frecuencia vienen los trenes?
7  ¿Cuánto tiempo tardará en llegar?

**5**  Imagina que eres Sara y que vas a preguntarle a Mateo cómo llegar a su casa en metro. Escribe las preguntas de la lista de arriba en primera persona:

*ejemplo*

> 1  ¿Dónde tengo que tomar el metro?

**6a**  Trabaja con tu compañero/a. Por turnos, haz y contesta las preguntas que has escrito en la actividad 5. Enseña las estaciones apropiadas del metro a tu compañero/a en el plano.

**6b**  Trabaja con tu compañero/a. Por turnos, pregunta y contesta sobre cómo llegar desde Colón a los lugares en las fotos.

# ④ Hogar, dulce hogar

- Tres bicicletas
- Lavavajillas
- Microondas (encima del lavavajillas)
- Lavadora
- Cafetera (sobre la lavadora)
- Mesa y sillas de cocina
- Vajilla para la cocina
- Mesa y sillas de comedor
- Vajilla para el comedor
- Armarios (el de la niña, a la izquierda; el de los padres, a la derecha del todo)
- Dos camas (una individual, la otra de matrimonio)
- Dos tocadores (de la niña y de los padres)
- Cuatro lámparas de mesa
- Espejo
- Alfombra
- Sofá (al fondo)
- Dos sillones
- Armario del salón con televisión y florero
- Estante de madera con jarros de cerámica
- Equipo estereofónico
- Automóvil
- Perro

 **1** Busca las posesiones de la familia empezando por abajo, a la izquierda y en el sentido de las agujas del reloj.

**2** Haz una lista de las posesiones de tu familia para cada cuarto.

> En el salón hay ...

**3** Compara tu lista con la de tu compañero/a.

> ¿Tenéis microondas?

> No, pero tenemos congelador, ¿y vosotros?

> Nosotros también tenemos un congelador.

 **4** Escucha la cinta y rellena la ficha. Unas personas hablan de lo que necesitan para sus casas nuevas. Marca en la ficha lo que van a comprar.

# ⑤ En el banco

 **1** Escucha y lee. Contesta las preguntas.

« – No me queda ningún dinero español.
¿Dónde puedo cambiar dinero?
– *Hay un banco en la Calle Alcalá.*
– ¿Está abierto?
– *No sé. Si está cerrado hay una oficina
de cambio en los grandes almacenes.*
– Vale. »

**1** ¿Qué no tiene Sara?
**2** ¿Dónde hay un banco?
**3** ¿Dónde hay una oficina de cambio?

## GRAMÁTICA

**quedar** – to be left, to stay

No me queda ningún dinero español. – I don't have any Spanish money left.
¿Te quedan monedas? – Do you have any coins left?
¿Queda pan? – Is there any bread left?
No queda leche. – There is no milk left.

**¡Ojo!**
¿Dónde te quedas? – Where are you staying?
Me quedo en un hotel. – I'm staying at a hotel.
No quiero quedarme en casa. – I don't want to stay at home.

**¿Quieres saber más?**
Mira la página 117.

Lo siento, no me
quedan helados ...

 **2** Escucha la cinta. ¿A qué hora abren o
**3** cierran estos lugares?

SOCORRO

cierra/se cierra – *it closes*
abre/se abre – *it opens*
cierran – *they close*
abren – *they open*
está cerrado/a – *it is closed*
está abierto/a – *it is open*
desde ... hasta / de ... a – *from ... to*

**3** Pregunta a tu compañero/a a qué hora abren y cierran estos lugares.

HORARIO COMERCIAL
**ABIERTO**
de 10 de la MAÑANA
a 9'30 de la NOCHE
▶

HORARIO COMERCIAL
DOMINGO 2 DE NOVIEMBRE
**ABIERTO**
de 11 de la MAÑANA
a 9 de la NOCHE
▶

EL CORTE
INGLES

JORNADA INVIERNO
HORARIO CAJA
LUNES A JUEVES: 8.30 a 16.30 h.
VIERNES: 8.30 a 14.00 h.
SABADOS: 8.30 a 13.00 h.

BANCO DE BILBAO

Horario de 10 h. a 21 h.
Domingos de 10 h. a 14.30 h.
Martes Cerrado

MINISTERIO DE EDUCACIÓN Y CULTURA

CENTRO DE ARTE
REINA SOFIA

BANESTO

Horario de atención al público

Lunes, Martes, Miércoles y Viernes
de 08.15h. a 14.30h.
Jueves de 08.15h. a 14.30h. Mañanas
de 17.00h. a 19.30h. Tardes
SABADOS CERRADO

OFICINA 1969 - Gran Vía, 44

A su servicio

CAJA MADRID

*Banesto*

HORARIO DE CAJA:
LUNES A JUEVES DE 8.30 A 16.30 H.
VIERNES DE 8.30 A 14.00 H.
SABADOS DE 8.30 A 13.00 H.

*ejemplo*

¿A qué hora abre el Banco de Bilbao el lunes?

Abre a las 8.30.

¿Y a qué hora cierra?

Cierra a las 4.30.

 **4a** Escucha la cinta y lee el diálogo.

« – Buenos días. ¿Se puede cambiar cheques de viaje aquí?
– *Sí, señorita.*
– ¿A cuánto está la libra hoy?
– *A 252 el billete y a 260 el cheque.*
– Quisiera cambiar 50 libras en cheques.
– *Muy bien. ¿Puede enseñarme su pasaporte?*
– Tome usted.
– *¿Quiere firmar los cheques?*
– Cómo no. ¿Hay que pagar comisión?
– *Sí, un diez por ciento.*
– ¿Puede darme un billete de cinco mil y unas monedas de doscientas pesetas?
– *Tome usted. 11,700 pesetas en total.*
– ¡Ah! Tengo unas monedas de una libra. ¿Puede cambiármelas?
– *Lo siento, no cambiamos monedas.*
– No importa. Bueno, gracias. Adiós.
– *De nada, adiós.* »

*socorro*

¿Se puede cambiar …? – *Can you change …?*
el cheque de viaje – *traveller's cheque*
la libra (esterlina) – *pound (sterling)*
Quisiera cambiar … – *I would like to change …*
¿Puede enseñarme su pasaporte? – *Can I see your passport?*
firmar – *to sign*
¿Hay que pagar comisión? – *Do I have to pay commission?*
el billete – *note*
la moneda – *coin*

**4b** Trabaja con tu compañero/a. Mira el diálogo de la actividad 4a, y haz otros diálogos en la oficina de cambio.

 **5** Escucha la cinta. ¿Cuánto dinero quieren cambiar estas personas? ¿Qué reciben?

# ⑥ ¿A cuánto está la libra?

**1** Mira la foto y pregunta a tu compañero/a a cuánto están estas monedas.

| BILLETES: | COMPRA | VENTA |
|---|---|---|
| DÓLAR USA | 151 | 154 |
| DÓLAR CANADIENSE | 106 | 107 |
| FRANCO FRANCÉS | 23 | 25 |
| LIBRA ESTERLINA | 249 | 252 |
| FRANCO SUIZO | 9 | 10 |
| FRANCO BELGA (100) | 407 | 410 |
| MARCO ALEMÁN | 80 | 84 |
| LIRA ITALIANA (100) | 7 | 8 |
| FLORÍN HOLANDÉS | 72 | 75 |
| CORONA SUECA | 17 | 19 |
| CORONA DANESA | 20 | 22 |
| CORONA NORUEGA | 18 | 20 |
| MARCO FINLANDÉS | 25 | 28 |
| CHELÍN AUSTRÍACO (100) | 9 | 13 |
| ESCUDO PORTUGUÉS (100) | 80 | 82 |

*¿A cuánto está el franco francés?*

*A 25 pesetas el billete.*

**2** Trabaja con tu compañero/a y cambia 5.000 pesetas a varias monedas. Usa una calculadora.

*Quisiera cambiar 5.000 pesetas en dólares.*

*Son 32 dólares.*

### Monedas españolas

**3** Escucha la cinta y pon las instrucciones para usar el cajero automático en el orden correcto.

**A** Espere un momento

**B** ¿Cuánto dinero desea sacar?
5.000 · · · 25.000
10.000 · · · otras cantidades

**C** Introduzca su tarjeta, por favor ↑

**D** Retire el recibo y el dinero ↓

**E** Si se equivoca pulse la tecla amarilla ◁

**F** Marque su número secreto y pulse la tecla verde ▷

**4** Explica a tu compañero/a cómo usar el cajero automático.

*Primero tienes que introducir tu tarjeta.*

**socorro**

monedas – *currency, coins*
introduzca – *insert*
la tarjeta – *card*
pulse – *press*

la tecla – *key*
marque – *key in*
el número secreto – *PIN number*

**5** Lee este artículo y contesta las preguntas. Usa el diccionario.

Los españoles usamos con mucha frecuencia la tarjeta en los cajeros automáticos.

# Frecuentamos mucho los cajeros

**El 'Estudio Europeo de Hábitos de Consumo' ha revelado que somos los europeos que menos dinero llevamos en los bolsillos y más frecuentamos los cajeros automáticos.**

Visa International ha encargado un estudio mediante una encuesta a más de 5.000 personas de 10 países europeos. En nuestro país, aunque el 45% de los encuestados declaró no tener tarjeta alguna – porcentaje sólo superado por Italia, con el 77% –, el uso de las tarjetas está fuertemente arraigado por el incremento de visitas a los cajeros automáticos y como medio de pago para importes cada vez menores.

Así, por término medio, acudimos al cajero 5,6 veces al mes – el récord europeo –, para tener unas 15.000 ptas a la semana y consultar 2 veces al mes el saldo.

En cuanto al dinero que llevamos en efectivo, llevamos unas 6.000 ptas en el bolsillo. En general, se aduce mayor comodidad y seguridad en el uso de las tarjetas. Por ello, más de la mitad de los encuestados declararon utilizar ahora mucho más sus tarjetas que hace 5 años.

**1** ¿Qué porcentaje de personas tiene tarjetas de banco en España?
**2** ¿En qué país europeo la mayoría de las personas no tienen tarjetas de banco?
**3** Aparte de sacar dinero, ¿por qué otra razón utilizan los españoles su tarjeta de banco?
**4** ¿Cuánto dinero al mes saca de un cajero automático un español típico?
**5** ¿Qué consultan en el cajero?
**6** ¿Cuánto dinero en efectivo lleva un español por término medio?
**7** ¿Por qué se usan más las tarjetas que hace 5 años?

## 7 Estás en tu casa

 **1a** Escucha la cinta y mira las frases. ¿Qué dice Sara y qué dice la madre de Mateo?

**A** ¿Qué tal fue el viaje?

**B** Encantada de conocerla.

**C** ¡Bienvenida a Madrid!

**D** De nada, hija.

**E** Fue un poco largo.

**F** ¿Estás muy cansada?

**G** Estoy contenta de estar aquí.

**H** Estás en tu casa.

**I** Gracias. Es usted muy amable.

**1b** Escribe las frases en el orden del diálogo en la cinta.

**2** Trabaja con tu compañero/a. Imagina que vas a la casa de un/a amigo/a español/a. Por turnos, haz un diálogo entre tú y la madre de tu amigo/a. Acuérdate de tratar de usted a la madre.

 **3** Escucha la cinta y lee las preguntas. ¿Qué contesta Mateo a cada pregunta?

**1** ¿A qué hora sueles levantarte?
**2** ¿Qué sueles tomar para el desayuno?
**3** ¿Qué sueles hacer por la mañana?
**4** ¿A qué hora soléis comer en tu casa?
**5** ¿Sueles dormir la siesta?
**6** ¿Qué sueles hacer por la tarde?
**7** ¿A qué hora sueles cenar?

### GRAMÁTICA

Use the verb **soler** with an infinitive to describe activities you do or used to do regularly. Soler is like poder:

| | | | | |
|---|---|---|---|---|
| suelo | I usually … | | solía | I used to … |
| sueles | you usually … | | solías | you used to … |
| suele | he, she, it, you (polite) usually | | solía | he, she, it, you (polite) used to … |
| | | | | |
| solemos | we usually … | | solíamos | we used to … |
| soléis | you usually … | | solíais | you used to … |
| suelen | they, you (polite) usually | | solían | they used to … |

Suelo levantarme a las siete y media. – I usually get up at 7.30.

¿Sueles tomar un buen desayuno? – Do you usually have a good breakfast?

Solemos ir a la playa en agosto. – We usually go to the beach in August.

Solía levantarme mucho más temprano. – I used to get up much earlier.

¿Solías desayunar antes de ir al colegio? – Did you usually have breakfast before going to school?

Solíamos pasar dos meses en la playa. – We used to spend two months at the beach.

**4** Trabaja con tu compañero/a. Haz y contesta las preguntas de la actividad 3.

**5a** Escribe un párrafo diciendo lo que sueles hacer los fines de semana y durante las vacaciones.

**5b** Compara tu rutina diaria con la de Mateo.

*ejemplos*

Mateo suele levantarse a las 10. Suelo levantarme a las 9.

Mateo suele tomar café con leche para el desayuno. En mi casa solemos tomar té o zumo de naranja.

Mateo y su familia suelen comer entre las 2 y las 3 de la tarde. En mi casa solemos comer a las 12.00.

**6** Lee las frases y luego escribe diez frases similares sobre cómo crees que has cambiado o cómo ha cambiado tu vida.

Solía levantarme a las 6.30.

Ahora suelo levantarme a las 11.30.

Solía tener el pelo largo.

Ahora suelo tener el pelo corto.

Mis amigos y yo solíamos ir en bicicleta.

Ahora solemos ir en moto.

Mis padres solían decirme que tenía que salir a jugar.

Ahora suelen decirme que tengo que quedarme en casa.

# ⑧ Por la mañana

 **1a** Escucha la cinta y elige la conversación que corresponde al mensaje escrito.

> *el sábado a las 8.30*
>
> *Queridos papás:*
> *Son las 8.30 y acabo de salir con Sara. Vamos a casa de*
> *Jaime y luego vamos los tres al centro deportivo a jugar al*
> *badminton. ¡También pasaremos por el estadio a comprar las*
> *entradas para el partido! Volveremos a casa a las dos.*
> *Besos*
> *Mateo*

**1b** Vuelve a escuchar la cinta y empareja cada conversación con el dibujo apropiado.

A

B

C

D

## GRAMÁTICA

**Por**
Vamos a salir por dos horas. – We are going out for two hours.
Por la mañana suelo leer o escuchar música. – In the morning I usually read or listen to music.

Puedes llamarme por teléfono. – You can call me by telephone.
Cuesta doscientas pesetas por persona. – It costs two hundred pesetas per person.

**Para**
¿Qué tomas para el desayuno? – What do you have for breakfast?
Vamos a comprar regalos para la familia de Sara. – We are going to buy presents for Sara's family.

Vamos a comprar las entradas para el partido. – We are going to buy tickets for the match.

**¿Quieres saber más?**
Mira la página 102.

 **2** Sara, Mateo y Jaime van al centro deportivo a jugar al badminton.
Escucha la cinta y lee el diálogo. Luego contesta las preguntas.

– Buenos días. ¿Puedo reservar una pista para jugar al badminton?
– *Sí. ¿Queréis jugar por la mañana o por la tarde?*
– Por la mañana.
– *Podéis jugar a las 10.15, a las 11.15 o a las 12.15.*
– A las 10.15 por favor, por una hora.
– *Por una hora, desde las 10.15 hasta las 11.15.*
– ¿Se puede alquilar una raqueta para mi amiga?
– *Sí, claro. Cuesta trescientas pesetas y tienes que dejar tu carnet de identidad o un depósito.*
– ¿Cuánto es en total?
– *Doscientas pesetas por persona y trescientas por la raqueta. Así que son novecientas pesetas.*

**1** ¿Por qué van al centro deportivo?
**2** ¿Quieren jugar por la mañana o por la tarde?
**3** ¿Por cuánto tiempo van a jugar?
**4** ¿Para quién alquilan la raqueta?
**5** ¿Cuánto cuesta jugar por persona?
**6** ¿Cuánto cuesta alquilar la raqueta?

**3** Trabaja con tu compañero/a. Mira la información sobre los deportes que se pueden practicar en un centro deportivo. Haz los papeles de la recepcionista y una persona que quiere reservar una pista.

| SPORTSBOOKING ESTÁ ABIERTO DESDE LAS: 09.00–13.00 + 15.00–19.00. (Jueves desde las 10.00). | | | | |
|---|---|---|---|---|
| CLASE | NIVEL | LUGAR DE ENCUENTRO | HORA | DÍAS |
| Squash | Verde | Pista 1 | 10.15–11.15 | Martes, sábado |
| Squash | Azul | Pista 1 | 11.15–12.15 | Martes, sábado |
| *Pro squash | Todos niveles | Pista 1 | Por favor, póngase en contacto con el Sportsbooking | |
| Badminton | Verde | Pista 1 | 10.15–11.15 | Lunes, miércoles |
| Badminton | Azul | Pista 1 | 11.15–12.15 | Lunes, miércoles |
| Badminton | Niños | Pista 1 | 12.15–13.00 | Lunes, miércoles |
| *Pro badminton | Todos niveles | Pista 3 | Por favor, póngase en contacto con el Sportsbooking | |
| Tenis | Drivé | Pista 10 | 10.00–10.45 | Martes, miércoles, jueves, viernes |
| Tenis | Revés | Pista 10 | 10.45–11.30 | Martes, miércoles, jueves, viernes |
| Tenis | Servicio | Pista 10 | 11.30–12.15 | Martes, miércoles, jueves, viernes |
| Tenis | Niños | Pista 10 | 12.15–12.45 | Martes, miércoles, jueves, viernes |
| *Pro tenis | Todos niveles | Pista 2 | Por favor, póngase en contacto con el Sportsbooking | |

**4** Imagina que vas al centro deportivo a practicar uno de los deportes del folleto. Escribe una nota a tus padres, como la que escribió Mateo, diciendo:

● adónde has ido
● con quién has ido
● qué vais a hacer
● a qué hora volverás a casa.

 **5** Escucha la cinta y empareja cada diálogo con la información apropiada.

## ¿Qué tal fue el partido?

 **1** Escucha la cinta y lee el reportaje sobre el partido. Contesta las preguntas.

# Raúl da el título al Madrid

## Hierro y Mijatovic completan el 3–1 ante el Atlético

El Real Madrid, a falta de una jornada para el final del campeonato, se proclamó ayer campeón de la *Liga de las estrellas*. Necesitaba un punto para asegurarse el título y sumó los tres al derrotar en el Santiago Bernabéu al Atlético de Madrid por 3–1. Raúl abrió el marcador con un gol espléndido, Hierro marcó cerca del descanso y Mijatovic sentenció en la segunda parte. El gol del Atlético, obra de Eduardo Esnáider, apenas inquietó al público que colmaba el estadio. El Real Madrid contabiliza ya 27 títulos y ratifica su condición de equipo más laureado. Está a un solo título de doblar a su más directo rival, el Barcelona.

**1** ¿Qué equipos jugaron en el partido?
**2** ¿Qué equipo ganó?
**3** ¿Cuántos puntos sumó el equipo ganador?
**4** ¿Cuántos goles marcó cada equipo?
**5** ¿Quién marcó el primer gol para el Real Madrid?
**6** ¿Cuándo marcaron Hierro y Mijatovic?

**SOCORRO**

el campeonato – *championship*
asegurarse – *to make sure of*
derrotar – *to beat*
abrir el marcador – *to open the scoring*
inquietar – *to worry*
colmar – *to fill*
ratificar – *to confirm*

**2** Escucha lo que dijeron Sara y Mateo del partido al volver a casa. ¿Cuáles de las frases siguientes corresponden a las opiniones de Sara y cuáles son de Mateo?

**1** El partido estuvo sensacional.
**2** Las instalaciones y la organización eran buenas.
**3** Estuvo bastante bien pero no genial.
**4** Raúl jugó muy bien y marcó un gol espléndido.
**5** Los defensores jugaron mejor que los delanteros.
**6** Raúl jugó bastante bien pero Hierro jugó mejor.
**7** El Real Madrid siguió jugando bien hasta el final.
**8** El Real Madrid jugó mejor después del descanso.

**3** Escucha la cinta. ¿Qué opina la hermana de Mateo sobre el fútbol? Elige las frases que corresponden a su punto de vista.

> Me encanta el fútbol.

> Estoy harta del fútbol.

> Es emocionante.

> Adoro el fútbol.

> Creo que hay demasiado fútbol en la televisión.

> Lo detesto. Lo odio.

> Me parece muy aburrido.

> No me gusta nada.

> No me interesa en absoluto.

**4** Escribe un resumen de las opiniones de la hermana de Mateo.

**5a** Trabaja con tu compañero/a. Pregúntale su opinión sobre temas como los siguientes y apunta sus comentarios.

> ¿Te gusta el fútbol?   ¿Cuál es tu opinión sobre …?
> ¿Te interesa el automovilismo?   ¿Qué te parece …?

  **a** el fútbol/el automovilismo/el jogging
  **b** la música pop/clásica/el jazz
  **c** los anuncios/la lotería/la televisión

**5b** Escribe un resumen de las opiniones de tu compañero/a.

**6** Lee lo que escribió Sara y luego escribe un párrafo, describiendo algo parecido que acabas de ver.

Hace tres días que estoy aquí en casa de Mateo en Madrid. He visto mucho de la ciudad pero lo mejor de todo, hasta ahora, es que fuimos a ver un partido entre el Real Madrid y el Atlético. ¡Fíjate! Para mí fue un sueño hecho realidad. Conseguimos las entradas sin problemas porque Mateo y su padre son miembros del club de aficionados del Real Madrid y tienen abonos. El partido tuvo lugar en el Estadio Bernabéu que queda a unos cuantos metros de la casa de Mateo. Fue una experiencia emocionante e inolvidable. Raúl jugó muy bien y marcó un gol sensacional en la primera parte. Marcaron dos goles más: Hierro justo antes del descanso y Mijatovic en la segunda parte. He guardado la entrada y el programa como recuerdo del partido.

# 10 La leyenda de un campeón: Real Madrid

**SE HAN CUMPLIDO 95 AÑOS DESDE QUE NACIÓ EL REAL MADRID. EL FÚTBOL, A PRINCIPIOS DE SIGLO NO SE ENTENDÍA DEMASIADO BIEN Y SUS PARTICIPANTES, UNOS JÓVENES CORRIENDO DETRÁS DE UN BALÓN, NO ERAN TOMADOS MUY EN SERIO. UNA VEZ SUPERADAS LAS CRÍTICAS DE AQUELLA SOCIEDAD, SE SENTARON LAS BASES DE UN FÚTBOL QUE AÑOS DESPUÉS SE CONVERTIRÍA EN EL MAYOR ESPECTÁCULO DE MASAS DEL MUNDO.**

## LOS ESTADIOS

EL REAL MADRID TARDÓ MUCHOS años hasta llegar al actual Estadio Santiago Bernabéu. La demanda de espectadores crecía constantemente y el club le hacía frente poco a poco. El Campo de la Estrada fue el primer terreno de juego madridista. Era una amplia y desnuda superficie que se encontraba en la calle Lista (la actual Ortega y Gasset) esquina con Velázquez. Se construyó en 1912 el campo O'Donnell, el primero con valla y con una grada con capacidad para 200 personas. El aquiler del terreno costaba mil pesetas por año. Del campo O'Donnell se trasladaron en 1923 al de Ciudad Lineal, con capacidad para 15.000 personas, 4.000 de ellas sentadas. Contaba además con otro campo de entrenamiento e instalaciones para distintos deportes. En 1947 se inauguró el nuevo Estadio de Chamartín, que en 1955 pasaría a llamarse Estadio Santiago Bernabéu. Desde entonces ha tenido continuas renovaciones y cuenta ahora con capacidad para 100.000 personas. ■

## LOS PRESIDENTES

En 1902 Juan Padrós cogió las riendas de la administración y dio un enfoque deportivo a un club que empezaba a nacer. Después de él ha habido doce presidentes. De todos ellos, el nombre de Santiago Bernabéu figura como punto de referencia en la historia del club y del fútbol español. La época de Bernabéu llenó la sala de trofeos: 16 ligas, seis copas de Europa, seis copas de España y una intercontinental. Terminó esta era a la muerte de Bernabéu en junio de 1978. ■

 **1** Escucha y lee sobre el Real Madrid.

**2** Contesta las preguntas.

1 ¿Cuándo nació el Real Madrid?
2 ¿Cómo era considerado el fútbol a principios de siglo?
3 ¿Qué puesto ocupó Santiago Bernabéu?
4 ¿Qué consiguió Bernabéu?
5 ¿Cuánto costaba el alquiler del terreno en 1912?
6 ¿Cómo se llama ahora el actual estadio del Real Madrid y cómo se llamaba antes?

7 ¿Quién fue Miguel Muñoz?
8 ¿Quiénes son considerados como los jugadores de leyenda?
9 ¿Qué imagen transmite el Real Madrid bajo la mano del entrenador actual?
10 ¿En qué gastó 5.000 millones de pesetas el Real Madrid?

## CÉSPED Y BANQUILLO

En su larga historia el Real Madrid no sólo ha dado excelentes jugadores, sino que además ha formado eficientes entrenadores. Son muchos los jugadores que al colgar sus botas han decidido continuar con labores técnicas. Algunos de ellos consiguieron dirigir al equipo que les formó como futbolistas. Un nombre clave en este aspecto fue Miguel Muñoz. Fue jugador durante 12 años y ocupó el puesto de entrenador durante más de 13 años, consiguiendo nueve ligas, dos copas de Europa y una intercontinental. ■

## ILUSTRES DEL BALÓN

Son muchos los jugadores de leyenda que, a través de las distintas épocas del club, han defendido los colores del Real Madrid. Entre ellos están Zamora, considerado uno de los mejores guardametas de toda la historia, Di Stéfano, Pirri, Santillana y Camacho. De las últimas generaciones de jugadores, destacan Hierro, Butragueño y Raúl. ■

## EL ÚLTIMO MADRID

De la mano del entrenador italiano Fabio Capello, el Real Madrid ha transmitido una nueva imagen: seriedad, grupo homogéneo, regular, goles … aunque en ocasiones la brillantez no ha sido una de las virtudes del equipo. El club invirtió casi 5.000 millones de pesetas en fichajes de jugadores extranjeros como Suker, Mijatovic, Seedorf y Roberto Carlos que unidos a los nacionales Raúl, Hierro y Alkorta, forman un bloque fuerte para enfrentar las próximas temporadas. ■

**3** ¿Qué significan las siguientes palabras y frases del texto? A lo mejor puedes adivinar su significado por el contexto.

| | |
|---|---|
| el balón | el banquillo |
| la sala de trofeos | colgar las botas |
| la liga | conseguir |
| la grada | destacar |
| el césped | |

**4** Escribe un reportaje o prepara un discurso sobre la historia de tu club de fútbol preferido o de otro que conoces. Por ejemplo: un club deportivo, de juventud, de danza o teatro de tu barrio.

#  Cartelera

 **1** Lee la selección de anuncios y artículos sobre lo que hay que hacer en varias ciudades españolas. Usa el diccionario. Contesta las preguntas.

**1** ¿Dónde puedes ver lo siguiente?
**a** dos koalas
**b** películas gigantescas
**c** dibujos cómicos
**d** deportistas fenomenales
**e** estrellas y planetas

**2** ¿Dónde puedes hacer lo siguiente?
**a** hablar con otros clientes
**b** practicar un deporte
**c** aprender astronomía
**d** reírte
**e** lanzarte de un puente

**2** Escucha la cinta. ¿Qué actividad eligen los jóvenes y por qué?

**3** Pregunta a tu compañero/a qué actividades le gustaría hacer y por qué.

> ¿Qué actividades te gustaría hacer?

> Me gustaría ir a ver el espectáculo de Ballantines.

> ¿Por qué?

> Porque parece divertido y me interesa el esquí.

**4** ¿Qué actividades elegirías tú? Escribe unas frases explicando a un/a amigo/a español/a por qué la has elegido.

**5** Escribe un anuncio para una actividad en tu barrio.

**SOCORRO**
en vivo/en directo – *live*
hace siglos – *ages ago*
tirar con arco – *archery*
la nave espacial – *spaceship*
llamar la atención – *to attract attention*
lanzar – *to throw*
el invitado – *guest*
gratuita – *free*

## Nieve por un tubo

¿Todavía no sabes lo que es el *Half Pipe*? ¿Ni el esquí de baches? Pues te lo muestra **Ballantines en su V Circuito de Snowboard y Esquí de Baches**. Son mucho más divertidos que el esquí tradicional, y tienes el espectáculo asegurado. ¿Te apetece verlo en vivo y en directo? No tienes que hacer más que acercarte a Sierra Nevada los días 8 y 9 de marzo.

## ¡Marchando!

¿Hace siglos que no te llaman por teléfono? Pues en **Pele–Mele** (Tel. 91 – 402 80 01), un bar–restaurante *tex–mex* – las mesas están conectadas por teléfono para que lo descuelgues, y le cuentes al de la esquina lo bueno que está … Además, puedes celebrar allí tu cumpleaños.

## Marcha y copas

¿Has oído hablar de un local donde se puede tirar con arco y pasarlo en grande con tus amigos? Pues **L'Arquer** (Gran Vía, 454 – Barcelona – ) te ofrece una alternativa verdadera. Tomarte un cóctel mientras demuestras tu habilidad lanzando flechas a lo *cherokee*. Apunta bien y lánzate a descubrirlo.

## Films a gran escala

¿Te imaginas sumergirte en el fondo del mar, nadar con tiburones o ver la tierra desde una nave espacial? Increíble pero cierto. Hace ya un año que se inauguró una sala de cine de gran formato en el Port Vell de Barcelona y, ahora, han montado otra **Sala** integral **Imax** en el Parque Enrique Tierno Galván (Madrid). Alucinarás en colores contemplando las películas en una pantalla de 21 metros de altura con una calidad de imagen y sonido asombrosas. Descubre lo nunca visto, te encantará.

## Turismo Juvenil

– **El Planetario, de Madrid, propone un viaje a través del sistema solar en una auténtica nave espacial. Tel 91/467 38 98.**
– **El Zoo de Barcelona ha incorporado dos nuevos invitados: se trata de dos koalas, procedentes del Zoo de San Diego, California, que podrán verse hasta el 15 de septiembre.**
– **Chistes, historietas y caricaturas es lo que te ofrece el original Museo del Humor de La Coruña, en la Casa de Cultura de Fene. La entrada es gratuita. Infórmate en la Oficina de Turismo, tel. 981/221 822.**

## Aventura Total

Si lo tuyo son las emociones fuertes y el riesgo te llama la atención, ya puedes lanzarte … Y sin miedo alguno, ya que todo estará bajo control, vas a estar bien sujetada y amarrada a un arnés para no salir volando por los aires. ¿Te atreves con el *puenting*? Pues, en **Gente Viajera** (C/ Santa Alicia, 19 – Madrid – Tel. 91/478 01 11) organizan diferentes lanzamientos los sábados por la mañana por sólo 2.500 ptas. Anímate, verás la sensación tan alucinante que es saltar desde un puente al vacío …

▶ 7–12 ◀

**1** Escucha la canción y contesta las preguntas.

1 ¿Qué escribe Marta?
2 ¿Qué manda?
3 ¿Qué espera?
4 ¿Qué tipo de amigo por correspondencia busca Francisco?
5 ¿Qué tipo de amigo por correspondencia busca Amanda?
6 ¿Qué tipo de amigo por correspondencia busca el chico español?
7 ¿Qué idiomas habla la amiga por correspondencia?
8 ¿Qué tipo de amigo por correspondencia busca Edmundo?
9 ¿Qué tipo de amigo por correspondencia busca Cecilia?
10 ¿Qué espera Cristóbal?

**2** Haz una lista de las frases útiles en la canción.

# Por correo

Querido amigo
Una carta te escribo.
Saludos te mando
de vez en cuando.
Escríbeme pronto,
no hagas el tonto.
Espero tu carta.
Un abrazo, Marta.

Hola chicos, ¿qué tal?
Yo me llamo Francisco.
Busco amigo genial
para hablar de los discos.

Yo me llamo Amanda
y amigos me gustaría
para formar una banda
en que pueda tocar batería.

Soy un chico español,
busco una amiga noruega.
No me gusta el sol,
quiero ir donde nieva.

Hablo bien el inglés.
Quiero practicar idiomas.
Escríbeme en francés,
contestaré de todas formas.

Yo me llamo Edmundo
y quisiera cartearme
con amigas de todo el mundo,
tus fotos podéis mandarme.

Yo me llamo Cecilia
y quiero contactar
con chicos de Sevilla.
Prometo contestar.

Querido amigo:
Una carta te escribo.
Saludos te mando
de vez en cuando.
Escríbeme pronto,
No hagas el tonto.
Espero tu postal,
Un abrazo, Cristóbal.

BOTANA

**RESUMEN**

Now you can:

- Ask and say how long you have been doing something.

  ¿Cuánto tiempo hace que estudias español?
  Estudio español desde hace tres años.

- Make arrangements to be contacted by telephone, fax or e-mail.

  Si quieres mandarme un mensaje mi dirección de correo electrónico es ...
  Puedes llamarme por teléfono al 0181 600 9187.
  También puedes enviar un fax al mismo número.

- Talk about something that you have just done.

  Acabo de llegar al aeropuerto.

- Talk about and understand travel problems.

  Hay un retraso.
  He perdido mi equipaje, mi billete y mi pasaporte.

- Ask about and understand information at an airport.

  ¿Dónde facturo el equipaje antes de pasar a la zona de salidas?
  Acaban de anunciar mi vuelo. ¿A qué puerta tengo que ir?

- Ask about the best way of making a journey and how long it takes.

  Quisiera saber cómo llegar al centro de Madrid.
  ¿Se puede ir en metro o hay que tomar un autobús?
  ¿Cuánto tiempo tarda en llegar?
  ¿Hay que cambiar de tren?

- Talk about the contents of your home.

  Tenemos un microondas y un congelador pero no tenemos lavavajillas.

- Change traveller's cheques and obtain currency.

  ¿Se puede cambiar cheques de viaje aquí?
  ¿A cuánto está la libra hoy?
  Quisiera cambiar 50 libras en cheques.

- Ask for notes or coins to a specific amount.

  ¿Puede darme un billete de cinco mil y unas monedas de doscientas pesetas?

- Understand instructions and obtain money from a cash machine.

  Introduzca su tarjeta. Marque su número secreto.

- Welcome a visitor, ask and respond to questions about a journey and thank someone for their hospitality.

  Bienvenido a Preston. ¿Qué tal fue el viaje?
  Estás en tu casa.
  Estoy muy contento de estar aquí.
  Gracias, eres/es muy amable.

- Ask and talk about what you usually do.

  ¿A qué hora sueles levantarte?
  Suelo levantarme a las siete y media.

- Ask about and describe events and facilities.

  ¿Qué tal estuvo el partido?
  Estuvo sensacional. Los defensores jugaron mejor que los delanteros. Raúl marcó un gol espléndido.

# En camino

## 1 ¿Sabes conducir?

**1** Lee el diario de Sara y contesta las preguntas.

Mañana vamos a ir de viaje. Mateo sabe conducir y ya tiene su carnet de conducir. Vamos a alquilar un coche. Pensamos hacer un recorrido para conocer los pueblos más interesantes del norte de Madrid. Nos quedaremos en un albergue juvenil o en una pensión. Me hace mucha ilusión conocer esta región de España.

**1** ¿Qué van a hacer Mateo y Sara?
**2** ¿Qué sabe hacer Mateo?
**3** ¿Qué van a alquilar?
**4** ¿Cuál es el objetivo de su viaje?
**5** ¿Dónde van a quedarse?
**6** ¿Tiene Sara ganas de hacer este viaje? ¿Cómo lo sabes?

### GRAMÁTICA

**Saber** – to know (a fact or how to do something)
**Conocer** – to know (a person or a place)

Mateo sabe conducir.
Vamos a hacer un recorrido para conocer los pueblos más interesantes.

**¿Quieres saber más?**
Mira la página 104.

**2** Escucha la cinta. ¿Cuáles son las cosas que sabe hacer Sara y cuáles son las que no sabe hacer?

**3a** Trabaja con tu compañero/a. Pregúntale si sabe hacer las cosas en los dibujos de la actividad 2.

**3b** Escribe una lista de lo que sabe y no sabe hacer tu compañero/a.

**4** Escucha la cinta y completa el diálogo con las palabras de la lista.

– Hola, buenos días.
– *Buenos días. Quisiera alquilar ....... (1). ¿Me puede decir cuánto cuesta?*
– ¿Qué tipo de coche quiere alquilar?
– *Un coche ....... (2).*
– ¿Por cuántos días quiere alquilarlo?
– *Por ........ (3) días.*
– Los coches pequeños cuestan .......... (4) pesetas por día. Así que son once mil doscientas pesetas por cuatro días.
– *¿Hay descuentos para jóvenes y estudiantes?*
– No, lo siento, no hay ........ (5).
– *¿Hay que dejar un ........ (6)?*
– Sí, hay que dejar un depósito con un cheque o con una tarjeta de crédito.
– *Vale.*
– ¿Puedo ver su ......... (7) y su carnet de identidad o pasaporte?
– *Sí, claro. Aquí tiene.*
– Perfecto. ¿Cuándo quiere alquilar el coche?
– *Mañana ......... (8).*
– Muy bien. Tenemos que rellenar esta ficha y ya está. **》》**

pequeño

un coche

carnet de conducir

por la mañana

depósito

descuentos

dos mil ochocientas

cuatro

**5** Trabaja con tu compañero/a. Mira el folleto. Por turnos, haz los papeles del empleado del alquiler de coches y un cliente.

**VELTESA**
ALQUILER DE COCHES SIN CONDUCTOR
TARIFA EN PESETAS

| GRUPO | TIPO DE COCHE | ALQUILER POR TIEMPO Y KILOMETROS | | | KILOMETRAJE ILIMITADO | | |
|---|---|---|---|---|---|---|---|
| | | POR DIA | POR KM | FIN DE SEMANA | 1–2 DIAS POR DIA | 3–6 DIAS POR DIA | 7 Ó MAS DIAS POR DIA |
| **A** | FORD FIESTA OPEL CORSA RENAULT TWINGO ❄ ♪ | 2.800 | 28 | 11.000 | 6.000 | 5.300 | 4.300 |
| **B** | PEUGEOT 106 KID PEUGEOT 205 RENAULT CLIO ❄ ♪ | 3.300 | 33 | 12.000 | 7.000 | 6.300 | 5.000 |
| **C** | SEAT IBIZA FIAT BRAVA 1.4  ❄ ♪ | 3.800 | 38 | 14.000 | 8.000 | 7.300 | 6.000 |
| **D** | RENAULT MEGANE PEUGEOT 306 TARIFA ❄ ♪ FORD ESCORT D/A | 4.600 | 43 | 19.000 | 9.300 | 8.300 | 7.300 |
| **E** | RENAULT LAGUNA PEUGEOT 406 1.8 ❄ D/A ♪ RENAULT MEGANE CLASSIC | 6.500 | 60 | 23.000 | 12.000 | 10.000 | 8.000 |
| **F** | MICROBUS ❄ ♪ | 11.000 | 100 | | 18.000 | 16.000 | 14.000 |

(*) Sólo servicios locales. Fin de semana de viernes 17.00h. a lunes 09.00h.

**6a** Escucha lo que contesta Mateo a las preguntas y rellena la ficha.

**5** **6b** Pídele a tu compañero/a sus datos personales y rellena la ficha.

● ¿Su nombre y apellido, por favor?
● ¿Cuál es su fecha de nacimiento?
● ¿Cuál es su domicilio actual? (Puede deletrearlo/repetirlo, por favor.)
● ¿Cuál es el código postal?
● ¿Cuál es su número de teléfono?

#  ¿Tiene camas libres?

 **1** Escucha y lee. Mira la información sobre los albergues.
¿De qué albergue hablan Sara y Mateo?

> – ¿Qué te parece este albergue juvenil?
> – *¿Qué servicios ofrece?*
> – Pues, se sirven comidas y puedes lavar la ropa si quieres.
> – *¿Hay instalaciones deportivas?*
> – No, no hay.
> – *Bueno, no importa. ¿Hay alquiler de sacos de dormir?*
> – Sí, sí hay.
> – *¿Dónde está?*
> – Está en el pueblo de Cercedilla, en la Sierra.
> – *¿Hay que reservar?*
> – No sé, pero ¿por qué no llamamos y reservamos de todos modos?
> – *Vale. ¿Cuál es el número de teléfono?*
> – Es el 91 85 23 88 7.

| Nombre y dirección del Albergue Juvenil | Teléfono | Época en que permanece abierto el Albergue | Número de plazas y distribución de las habitaciones | Con baño | | | Sin baño | | | Ducha | Cocina | Posibilidad de lavar la ropa | Comidas | Alquiler de sábanas o saco sábana | Instalaciones deportivas | Piscina | Salas de estar o de trabajo |
| | | | | De 1 | De 2 | De 3 | De 2 | De 2-4 | De 4 | | | | | | | | |
|---|---|---|---|---|---|---|---|---|---|---|---|---|---|---|---|---|---|
| **1** Emperador Teodosio Paseo Conde de Sepúlveda, 40002 Segovia | (921) 44 10 47 | 1/7 al 15/8 | 106 | ● | ● | ● | | | | | | | ● | | ● | ● | ● |
| **2** San Rafael Paseo de San Juan 40410 (San Rafael) Segovia | (921) 17 14 57 | Todo el año | 55 | | | | ● | ● | ● | | | ● | | | | ● | ● |
| **3** Las Dehesas Carretera Dehesas s/n 28470 Cercedilla Madrid | (91) 852 01 35 | Del 2/1 al 15/8 y del 1/10 al 30/12 | 75 | ● | ● | | | | | | | ● | ● | ● | | | ● |
| **4** Álvaro Iglesias Puerta de Navacerrada 28470 Cercedilla Madrid | (91) 85 23 88 7 | Del 2/1 al 15/8 y del 1/10 al 30/12 | 92 | | ● | ● | | | | ● | | ● | ● | ● | | | ● |

**2** Mira la información sobre los albergues y la conversación de Sara y Mateo y describe uno de los albergues a tu compañero/a.

**3** Escribe una descripción de uno de los albergues.

**4** Escucha y lee. Luego contesta las preguntas.

**1** ¿Para cuándo quieren Sara y Mateo reservar camas en el albergue?
**2** ¿Por cuántas noches?
**3** ¿Hay camas libres?
**4** ¿Cuándo cierra el albergue?
**5** ¿A qué hora llegarán Mateo y Sara al albergue?

– Albergue Álvaro Iglesias. ¿Dígame?
– *Buenos días. ¿Tiene camas libres para esta noche?*
– ¿Para cuántas personas?
– *Somos dos, un chico y una chica.*
– Sí, hay sitio. ¿Cuánto tiempo os vais a quedar?
– *Una noche.*
– Vale. ¿A qué nombres os reservo las camas?
– *A nombre de Mateo Orejana y Sara Miles.*
– El albergue cierra a las 11.30. Tenéis que llegar antes.
– *Llegaremos sobre las 7h.*
– Muy bien. Hasta luego.

**5** Trabaja con tu compañero/a. Mira la conversación de Mateo y la recepcionista del Albergue Álvaro Iglesias y reserva camas para ti y un grupo de amigos y amigas.

**6a** Lee la carta reservando camas en un albergue juvenil para un grupo de jóvenes. Contesta las preguntas.

**1** ¿Para cuántas personas quiere Jack Heap reservar camas en el albergue?
**2** ¿Para cuántos chicos?
**3** ¿Para qué fecha?
**4** ¿Por cuántas noches?
**5** ¿A qué hora llegarán?

Albergue Richard Schirrman
Casa de Campo
28045 Madrid
España

Oxford, 7 de agosto del 2000

Muy Sres. Míos:

Les ruego que me reserven cinco camas en el albergue desde el 21 hasta el 22 de agosto inclusive. Somos un grupo de dos chicos y tres chicas. Llegaremos hacia las 20.30.

Les agradecería que me envíen la confirmación lo antes posible.

Les saluda muy atentamente,

Jack Heap

**6b** Usa la carta de la actividad 6a como ejemplo para escribir una carta reservando camas en el albergue para ti y un grupo de amigos y amigas.

# ③ En la gasolinera

**1** Escucha y lee. Luego contesta las preguntas.

**1** Necesitamos gasolina.

**2** ¿Hay una estación de servicio por aquí?

No, pero hay una gasolinera en el próximo pueblo.

¿A cuántos kilómetros está el pueblo?

Está a dos kilómetros.

**3** Llénelo de súper.

¿Sin plomo?

No, con plomo.

**4** ¿Cuánto es?

Son 4.860 pesetas. ¿Algo más?

¡Ah, sí! ¿Puede comprobar los neumáticos?

En seguida.

Este neumático tiene un pinchazo. Hay que cambiarlo.

**5** ¡Ay, no!

Hay un taller a 500 metros. Allí hacen todo tipo de reparaciones.

**1** ¿Qué necesitan los amigos?
**2** ¿A cuántos kilómetros hay una gasolinera?
**3** ¿Qué tipo de gasolina usan?
**4** ¿Qué comprueba el empleado?
**5** ¿Qué pasa con el neumático?
**6** ¿A cuántos metros está el taller?

## GRAMÁTICA

**Direct object pronouns**
me – me
te – you (familiar)
lo – him, it (m)
la – her, it (f)
nos – us
os – you (plural)
los – them (m plural)
las – them (f plural)

Llénelo de súper – Fill it up with 4 star

**¿Quieres saber más?**
Mira la página 100.

la estación de servicio – *service station*
la gasolinera – *petrol station*

| Compruebe/¿Puede comprobar ... ? | ... el aceite. |
| | ... la batería. |
| | ... el agua. |
| | ... el aire. |
| | ... el motor. |
| | ... los frenos. |
| | ... los cinturones de seguridad. |
| Póngame/¿Me puede poner ... ? | ... agua en el radiador. |
| | ... 25 litros de súper. |
| | ... 30 litros de súper sin plomo. |
| | ... 30 litros de gasóleo. |

Llénemelo.
Mi coche tiene una avería.
El neumático tiene un pinchazo.
Tengo el parabrisas roto.

 **2** Escucha la cinta. ¿Qué quieren estos automovilistas?

**6** **3** Trabaja con tu compañero/a y haz el papel del
automovilista y empleado/a de la gasolinera.

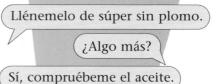

Llénemelo de súper sin plomo.

¿Algo más?

Sí, compruébeme el aceite.

En seguida.

**1** Gasóleo    **2** Sin plomo

 25 *l*

**3** Súper    **4** Gasóleo

30 *l*

**5** Sin plomo    **6** Súper

   20 *l*

## GRAMÁTICA

**Indirect object pronouns**
me – to me
te – to you (familiar)
le – to him, to her, to it, to you (polite)
nos – to us
os – to you (plural)
les – to them, to you (polite, plural)

¿Quieres saber más?
Mira la página 101.

# 4 En el albergue juvenil

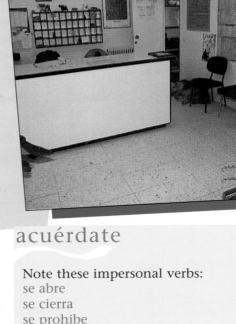

**1** Escucha la cinta y empareja las respuestas con las preguntas.

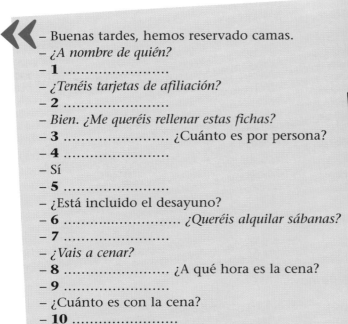

– Buenas tardes, hemos reservado camas.
– *¿A nombre de quién?*
– **1** ........................
– *¿Tenéis tarjetas de afiliación?*
– **2** ........................
– *Bien. ¿Me queréis rellenar estas fichas?*
– **3** ........................ ¿Cuánto es por persona?
– **4** ........................
– Sí
– **5**
– *¿Está incluido el desayuno?*
– **6** ........................ ¿Queréis alquilar sábanas?
– **7** ........................
– *¿Vais a cenar?*
– **8** ........................ ¿A qué hora es la cena?
– **9** ........................
– *¿Cuánto es con la cena?*
– **10** ........................
– Vale, gracias.
– *De nada.*

## acuérdate

Note these impersonal verbs:
se abre
se cierra
se prohibe
se habla
se ruega

**a** Vale.
**b** Pues son 950 pesetas por persona.
**c** No gracias, tenemos sacos de dormir.
**d** De 8h30 a 9h30.
**e** La media pensión es 1.500 pesetas.
**f** Orejana y Miles.
**g** ¿Son menores de 26 años?
**h** Sí, está incluido.
**i** Pues sí, tenemos hambre.
**j** Sí, mire usted.

**socorro**

la cama – *bed*
la tarjeta de afiliación – *membership card*
la ficha – *form*
el desayuno – *breakfast*
la cena – *evening meal*
la sábana – *sheet*
el saco de dormir – *sleeping bag*

**2** Escucha las 5 conversaciones en la cinta y mira la lista de precios de los albergues. Completa la información que falta.

**3** Trabaja con tu compañero/a. Mira la ficha de la actividad 2 y el diálogo de la actividad 1. Haz el papel de las varias personas que llegan al albergue y del/de la recepcionista.

**1**

20h → 22h

**2**

21h → 22h30

**3**

**4**

21h → 22h45

**4** Elige el dibujo que corresponde a cada letrero.

**A**

**B**

**C**

**D**

**E**

**F**

**G**

**H**

**1** Aseos/Duchas ➞

**2** Prohibido comer en los dormitorios

**3** Teléfonos ➞

**4** Abierto todo el año

**5** Comedor ➞

**6** Se habla inglés

**7** Cocina ➞

**8** Recepción cerrada hasta las 4

**5** Mira la cuenta de Sara y Mateo y lee la conversación que tienen con la recepcionista. Mira también la lista de precios de la ficha 7. Trabaja con tu compañero/a y haz diálogos parecidos para las personas de la actividad 3.

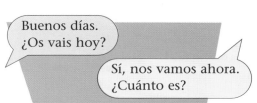

Buenos días. ¿Os vais hoy?

Sí, nos vamos ahora. ¿Cuánto es?

Dos adultos a media pensión son tres mil pesetas. Aquí tenéis la cuenta.

Tome.

Gracias.

ALBERGUE ALVARO IGLESIAS
2 PERSONAS A MEDIA PENSIÓN
TOTAL: 3 000 PTAS

# ⑤ ¿Qué tiempo hace?

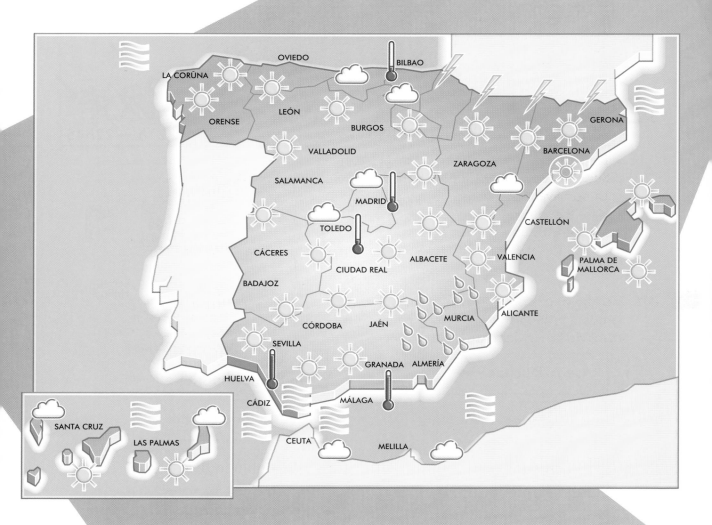

|  |  |  |  |  |  |  |  |  |  | |
|---|---|---|---|---|---|---|---|---|---|---|
| hace calor | hace frío | hace sol/ buen tiempo | el cielo está despejado | está nublado/el cielo está cubierto | llueve/está lloviendo | hay tormenta | hay niebla | hay heladas | nieva/está nevando | hace viento |

 **1** Escucha el reportaje sobre el tiempo y mira el mapa.
Escribe V (verdadero) o F (falso) para cada comentario.

**2**  Trabaja con tu compañero/a. Por turnos, pregunta y contesta sobre el tiempo que aparece en el mapa.

> ¿Qué tiempo hace en Bilbao?  Hace frío y está nublado.
>
> ¿Qué tiempo hace en Barcelona?  Hace sol. El cielo está despejado.

**3a**  Lee las siguientes frases. ¿Cuáles crees que describen el tiempo y el clima de Madrid? ¿Qué frases describen el tiempo de tu país?

- En invierno hace mucho frío. Hay heladas y nieva a veces.
- Suele llover bastante en primavera y a veces hace mucho viento.
- La primavera es una estación agradable: no hace ni mucho frío ni mucho calor.
- Hace bastante calor en verano.
- Hace muchísimo calor en verano.
- En otoño a veces hace sol y a veces está nublado. Empieza a hacer más frío.

**3b**  Escucha la cinta. ¿Qué dice Mateo sobre el tiempo en Madrid? A ver si elegiste bien las frases de la actividad 3a.

**socorro**
el invierno – *winter*
la primavera – *spring*
el verano – *summer*
el otoño – *autumn*
la estación – *season*

**4**  Completa las siguientes frases para describir el tiempo de tu país o región:

En invierno …
En primavera …
En verano …
En otoño …
La estación del año que prefiero es … porque …

**5**  Escucha la cinta. ¿Qué tiempo va a hacer y qué tendrá que hacer Sara?

**acuérdate**

hace calor hoy
hacía calor ayer
va a hacer/hará calor mañana

el cielo está despejado
el cielo estaba despejado
el cielo estará despejado

llueve/está lloviendo
llovía/estaba lloviendo
lloverá/va a llover

hay tormenta
había tormenta
va a haber/habrá tormenta

nieva/está nevando
estaba nevando
va a nevar/nevará

▶13–18◀

# 6 ¿Puedo probármelo?

**1** Sara quiere comprar una chaqueta impermeable. Escucha la cinta y elige las palabras apropiadas de la lista para completar el diálogo.

el canguro · las botas · los pantalones cortos · los calcetines · los guantes

– ¿En qué puedo servirle?
– ¿Tiene ....... (1) impermeables?
– Sí. ¿Qué talla usa usted?
– ......... (2).
– ¿Qué color prefiere?
– ¿Las tiene en ........ (3)?
– Sí, las tenemos en rojo. ¿Qué tipo de chaqueta quiere? Las de primera calidad son éstas, de una tela especial.
– ¿Cuánto cuestan?
– Cuestan veinte mil ochocientas pesetas.
– Uuuf. Es demasiado ...... (4). ¿Puede enseñarme otras más baratas?
– Sí, claro. Estos canguros son impermeables. Son más baratos. Valen siete mil quinientas pesetas.
– ¿Puedo ......... (5) uno de ésos?
– Claro. Aquí hay uno de la treinta y seis.
– Gracias.
– ¿Qué tal le queda?
– Es demasiado ........ (6). ¿Puedo probarme uno de la treinta y ocho?
– Bueno, lo siento, no tenemos una treinta y ocho en rojo. ¿Quiere otro color?
– Pues, ¿tiene en ........... (7)?
– Sí, hay en amarillo. Tome. ¿Le queda mejor?
– Sí, éste ......... (8). Me lo llevo.
– Muy bien. ¿Quiere pagar en caja, por favor?
– Sí, vale. Gracias.
– De nada.

rojo
amarillo
36
cara
chaquetas
me queda bien
probarme
pequeño

| TALLAS | |
| --- | --- |
| Reino Unido | España |
| 6 | 34 |
| 8 | 36 |
| 10 | 38 |
| 12 | 40 |
| 14 | 42 |
| 16 | 44 |

| NÚMERO DE ZAPATOS | |
| --- | --- |
| Reino Unido | España |
| 2 | 35 |
| 3 | 36 |
| 4 | 37 |
| 5 | 38 |
| 6 | 39 |
| 7 | 40 |
| 8 | 41 |
| 9 | 42 |
| 10 | 43 |

## GRAMÁTICA

Ése, ésa, ésos, ésas
Éste, ésta, éstos, éstas
Aquél, aquélla, aquéllos, aquéllas

Ése, éste and aquél have an accent and agree with the noun they describe when they mean this one or that one:

Las de primera calidad son éstas. – These ones are the best quality.

¿Puedo probarme uno de ésos? – May I try one of those?

¿Quieres saber más?
Mira la página 101.

## acuérdate

Notice that the pronouns are added onto the infinitive in sentences such as:
¿Puedo probármela?   Can I try it (la chaqueta) on?
¿Quiere probárselas?  Would you like to try them (las botas) on?

impermeable – *waterproof*
probarse – *to try on*
la talla – *size (of clothes)*
en caja – *at the cash desk*
¿Qué número usa? – *What size shoes do you take?*

**2** Trabaja con tu compañero/a. Por turnos haz los papeles de un dependiente y un cliente que quiere comprar ropa o cualquier otro artículo de la foto.

**3a** Lee las opiniones sobre la ropa y la moda. Escribe tres opiniones que crees son de Sara y tres que crees que son de Mateo.

**a** La moda no me importa mucho. Prefiero llevar ropa cómoda y que me quede bien.
**b** Me gusta comprar ropa buena y de marca.
**c** Creo que la ropa de marca es demasiado cara.
**d** Si tuviera mucho dinero, compraría un par de zapatos Gucci y una camisa Ralph Lauren.
**e** Si fuera rica compraría una chaqueta impermeable de Goretex y unas zapatillas buenas de Nike o Adidas.
**f** La ropa que lleva una persona refleja su personalidad.
**g** Mi madre me compra la ropa algunas veces.

**3b** Escucha la cinta para ver si tienes razón.

¿Qué comprarías si tuvieras mucho dinero? – *What would you buy if you had a lot of money?*
Si fueras rico, ¿qué comprarías? – *If you were rich, what would you buy?*
Si tuviera mucho dinero compraría ... – *If I had a lot of money I would buy ...*
Si fuera rico compraría ... – *If I were rich I would buy ...*

**4** Trabaja con tu compañero/a. Emplea las preguntas para intercambiar tus opiniones sobre la ropa y la moda.

● ¿Siempre compras tu propia ropa? ¿O quién te la compra?
● ¿Cuál es tu prenda de vestir favorita? ¿Por qué te gusta?
● ¿Qué tipo de ropa prefieres ponerte cuando sales con tus amigos?
● ¿Qué te pones cuando estás en casa?
● ¿Es importante para ti vestirte a la moda? ¿Por qué?
● ¿Llevas ropa de marca? ¿Por qué? ¿Por qué no? ¿Qué marca prefieres?
● Si tuvieras mucho dinero/Si fueras rico, ¿qué comprarías?

**5** Escribe sobre tu ropa preferida y tus opiniones sobre la moda. Contesta las preguntas de la actividad 4.

# 7 Nos hemos perdido

 **1** Escucha la cinta y mira el mapa.

**1** ¿Dónde quieren ir Mateo y Sara?
**2** ¿Cómo se va?
**3** ¿A cuántos kilómetros está?

– Nos hemos perdido. Voy a preguntar el camino. Por favor, ¿por dónde se va a Pedraza?
– *Tiene que tomar la carretera 601 de Guaderrama y seguir hasta Villacastín. Allí tome la carretera 110 con dirección a Segovia y sigue todo recto. En el kilómetro 58 hay que tomar una de las carreteras locales para llegar al pueblo.*
– ¿No se puede tomar la autopista?
– *No, no es posible.*
– ¿A qué distancia está Pedraza?
– *Está a unos 150 kilómetros.*
– ¿Cuánto tiempo se tarda en llegar?
– *Depende, 1h y 45 más o menos.*

*socorro*

nos hemos perdido – *we are lost*
preguntar el camino – *to ask the way*
la carretera – *road*
¿por dónde se va …? – *how do you get to …?*
tiene que tomar … – *you have to take …*
la autopista – *motorway*
¿a qué distancia está …? – *how far is it to …?*
¿cuánto tiempo se tarda en llegar? – *how long does it take to get there?*
más o menos – *more or less*

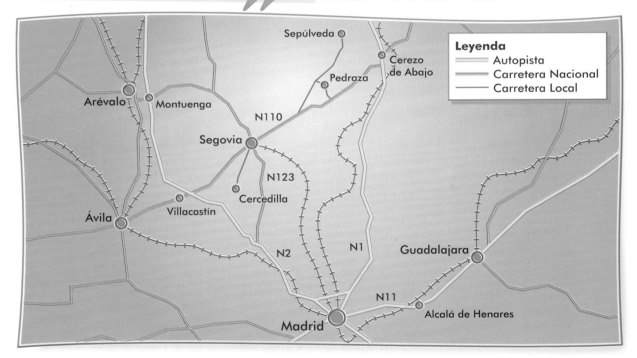

**2a** Mira el mapa y pregunta a tu compañero/a por dónde se va a estos lugares:

**1** De Madrid a Montuenga
**2** De Madrid a Cerezo de Abajo
**3** De Ávila a Guadalajara
**4** De Sepúlveda a Madrid

**2b** Escribe una nota explicando por dónde se va a uno de los lugares de la actividad 2a.

**3** Lee este anuncio y escribe una nota a un amigo inglés
o una amiga inglesa explicando lo que dice.

# Algunos utilizan los mapas para perderse.

Haz las maletas.
El mundo está lleno de lugares fascinantes y ahora
tienes la forma perfecta para llegar a todos ellos.
El Laguna Break.
Su silencio, su seguridad y sus prestaciones te
recordarán siempre que estás conduciendo un Laguna.
Su diseño, auténticamente innovador y la integración
de su nuevo espacio vital, te harán sentir el concepto
Break en toda su intensidad.

Nuevo *Laguna Break.*
## TE CAMBIARÁ LA VIDA.

**RENAULT**
EL PLACER
DE VIVIRLOS

# 8 Un accidente

 **1** ¿Qué significan en inglés estos letreros?

1  **Obras**

2 **Desvío**

3  **Carretera cerrada**

4  **¡Cuidado!**

5 **¡Frena!**

**2** Escucha y lee.

1 ¿Por qué no se hirieron Sara y Mateo?
2 ¿Qué pasa con el coche?
3 ¿Qué van a hacer?

« – Menos mal que nos abrochamos
los cinturones de seguridad.
– El coche no anda.
– ¿Qué hacemos ahora?
– Voy a llamar a la policía. »

**3a** Escucha y lee. Luego contesta las
preguntas.

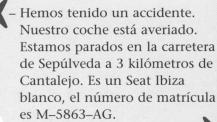

« – Hemos tenido un accidente.
Nuestro coche está averiado.
Estamos parados en la carretera
de Sepúlveda a 3 kilómetros de
Cantalejo. Es un Seat Ibiza
blanco, el número de matrícula
es M–5863–AG.
– Llegaremos dentro de una hora. »

1 ¿Dónde está el coche de Mateo y Sara?
2 ¿Qué dice Mateo que pasa con el coche?
3 ¿De qué marca es?
4 ¿De qué color es?
5 ¿Cuál es la matrícula?
6 ¿Cuándo llegará la policía?

**3b** Escucha la cinta y rellena el fichero con los detalles
de los accidentes de los que se habla.

**4** Escucha y lee. Luego contesta las preguntas.

 – Chocamos contra las obras. Estaba
lloviendo y no vimos los letreros.
– *¿A qué velocidad ibais?*
– A 50 kilómetros por hora.
– *No es grave. No hay heridos.* ▶▶

 – *¿Me enseñas el carnet de conducir,
por favor?*
– Tome usted.
– *Vamos a llamar para que vengan
a arreglar la avería.* ▶▶

**1** ¿Contra qué chocaron Mateo y Sara?
**2** ¿Qué fue lo que no vieron?
**3** ¿A qué velocidad iban?
**4** ¿Es grave el accidente?
**5** ¿Hay heridos?
**6** ¿Qué quiere ver el policía?

 **5** Escribe una carta a una compañía de
seguros describiendo un accidente.

Por fin llegamos a Pedraza.
Es una maravilla. Valía la pena.

# Un pueblo histórico

**A**

 **1** Escucha la cinta y mira las fotos.
Escribe el orden en que se menciona
cada lugar.

Pedraza es un pueblo pequeño y tranquilo pero tiene
mucho ambiente. Es un lugar turístico. Los fines de
semana y cuando hay fiestas, se llena de gente. Los días
14 y 15 de julio se celebra una fiesta especial. Hay un
concierto por la noche en la Plaza Mayor. Al terminar el
concierto se apagan todas las luces del pueblo y se
encienden quince mil velas. También hay fiestas del 8
al 10 de septiembre con danzas típicas y verbenas.

**B**

El pueblo tiene varios monumentos
interesantes. El castillo, por ejemplo,
fue construido en el siglo XII.

 **2** Escucha la cinta y lee el texto con las fotos. Luego
escribe las respuestas a las siguientes preguntas.

1 ¿Dónde está Pedraza?
2 ¿Qué tipo de pueblo es?
3 ¿Cómo es el paisaje de la región?
4 ¿Qué monumentos interesantes tiene?
5 ¿Qué tipo de ambiente tiene Pedraza?
   ¿Es ruidoso o tranquilo?
6 ¿Cuáles son los platos típicos de la región?
7 ¿Hay fiestas en Pedraza? ¿Cuándo tienen lugar?
8 ¿Qué pasa durante las fiestas?

**socorro**

el peñón – *rock*
rodeado – *surrounded*
el paisaje – *countryside*
el campo – *field*
el trigo – *wheat*
el bosque – *wood*
el río – *river*
el ambiente – *atmosphere*
apagar – *to switch off, put out*
encender – *to light*
la vela – *candle*
la verbena – *open–air dance*

**C**

Hay varios restaurantes y todos sirven comida típica de la región: el jamón serrano, sopas, el cochinillo y el cordero asado, las patatas y las judías.

**D**

Pedraza es un pueblo histórico. Está a unos 100 kilómetros al norte de Madrid. Se encuentra en un peñón, rodeado de un paisaje típico de la región de Castilla. Hay campos de trigo, bosques y ríos.

Es un pueblo medieval. En el siglo XII era el centro más importante de la localidad. Tiene una plaza medieval, La Plaza Mayor, que se considera una de las más bellas de toda Castilla.

**3** Trabaja con tu compañero/a. Por turnos, haz y contesta las preguntas de la actividad 2.

### GRAMÁTICA

You can use tan and tanto to make comparisons:

Pedraza no es tan ruidoso como Madrid.
No hay tanto tráfico.
No hay tanto que hacer en Pedraza como en Madrid.

 **4** Escucha la cinta y luego escribe tres frases sobre Pedraza y tres sobre Madrid.

| Pedraza Madrid | no es tan | grande/pequeño tranquilo/ruidoso contaminado/limpio | como Madrid. como Pedraza. |
|---|---|---|---|
| No hay | tanto tanta tantos tantas | transporte público en Pedraza contaminación lugares de interés tiendas oportunidades para estudiar y trabajar | como en Madrid. |

# 10 Quisiera 100 gramos de jamón serrano

**A**

Deme un kilo de naranjas y medio kilo de tomates.

**B**

¿Cuánto cuestan las chuletas de cordero?

Quisiera doscientos gramos de chorizo.

**C**

Una barra de pan y un pan de molde.

Lo siento, no quedan.

**D**

¿Qué desea?

Dos bollos de crema, por favor.

**E**

¿Tienen gambas?

Lo siento, hoy no tenemos.

**F**

Están de oferta las aceitunas. Compre una lata y llévese la segunda a mitad de precio.

**1** Escucha la cinta y escribe el orden en que se menciona cada tienda.

**2** Escucha la cinta otra vez y marca la ficha. Marca con una ✔ las cosas que compran y pon una ✗ para las cosas que no hay o que no quedan.

## acuérdate

Quedar **means to remain or to stay** according to the context. Notice here how it is used to mean that there are none left: No quedan.

**3** Escucha la cinta y escribe qué cantidad pide cada persona.

## acuérdate

un kilo (1kg)          medio kilo ($\frac{1}{2}$kg)          un cuarto de kilo ($\frac{1}{4}$kg)

un litro (1l)          medio litro ($\frac{1}{2}$l)
cien gramos (100g)     doscientos gramos (200g)
una botella – bottle
una lata – tin
un paquete – packet
una bolsa – bag
un pedazo – slice
un trozo – piece

100g                                                    $\frac{1}{2}$kg

**4** Trabaja con tu compañero/a. Elige cuatro cosas de los dibujos y pídeselas a tu compañero/a.

200g

$\frac{1}{4}$kg

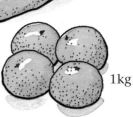

1kg

¿Qué desea?     ¿Tiene …?     Quisiera …     Deme …

¿Algo más?     Eso es todo.

**5** Escucha la cinta y mira la lista. ¿Qué diferencias hay entre la lista de compras y lo que compran Mateo y Sara?

**6a** Escribe una lista de compras para una merienda.

**6b** Trabaja con tu compañero/a. Pídele cosas de tu lista.

una lata de sardinas
medio kilo de tomates
medio kilo de naranjas
100 gramos de jamón serrano
2 bolsas pequeñas de patatas fritas

# Salvar a los bosques

**¿Serías capaz de hacer algo así?...**

Gran parte de los incendios forestales son por NEGLIGENCIA.

**Programa de Reforestación**
**BOSQUES DE ESPAÑA**

Miembro de la **UICN**
Unión Mundial para la Naturaleza

Subvencionado por:
MINISTERIO DE AGRICULTURA PESCA Y ALIMENTACIÓN
ICONA

**Un 14 por ciento del territorio español corre peligro de desertización. El hombre es el principal responsable.**

«En los próximos 20 años unos 140 millones de hectáreas de tierra fértil pueden desaparecer, una superficie que equivale a la cuarta parte de España.» La Organización para la Alimentación y la Agricultura (FAO).

Según Filiberto López Cadenas, profesor de la Universidad de Madrid, la desertización es el «sida de la naturaleza». Es el primer problema ecológico mundial, definido como la degradación de los recursos naturales, agua, suelo y vegetación. Está causado por la sequía y lo hace peor la acción del hombre en ecosistemas frágiles.

Los bosques y las selvas actúan como fijador del suelo y evitan la erosión manteniendo la humedad. La desforestación aumenta la acción erosiva del agua y el viento al quitar el manto vegetal protector.

**socorro**

la desertización – *the reversion of land to desert conditions*
el Sida – *Aids*
los recursos – *resources*
la sequía – *drought*
evitar – *to prevent, to avoid*
aumentar – *to increase*
incendiar – *to burn*

**1** Lee el texto y contesta las preguntas para escribir un sumario del reportaje.

**1** ¿De qué problema ecológico trata este reportaje?

**2** Según el reportaje, ¿quién es responsable de este problema?

**3** ¿Qué problemas crees que podrían resultar de la falta de tierra fértil?

**4** ¿Cuáles son las causas principales de la desertización?

**5** ¿Cómo protegen los bosques y las selvas contra la erosión y la desertización?

**6** ¿Qué pasa cuando los bosques y las selvas son destruidos?

**2** Escucha la cinta y empareja el principio de cada frase con la opinión apropiada.

**1** Creo que …
**2** Me parece que …
**3** Pienso que …
**4** A mí me parece …
**5** En mi opinión …

**a** … que sí vale la pena el esfuerzo individual. Hay que enseñar a todos a no gastar recursos naturales innecesariamente.

**b** … tenemos que cambiar la mentalidad del hombre para que sea más responsable y menos materialista.

**c** … la ecología debe ser una prioridad de todos los gobiernos del mundo.

**d** …es muy importante transmitir el mensaje de los peligros de descuidar el medio ambiente.

**e** … todos podemos ayudar a parar la desertización. Por ejemplo podemos tener más cuidado en el campo y no causar incendios.

**3**    Escribe las opiniones de la actividad 2 en orden de importancia, según tu punto de vista.

**4**    Elige los consejos de la lista que más ayudarían a evitar la desertización.

    **a**  No gastes innecesariamente recursos naturales, como el papel y el agua.
    **b**  Usa el transporte público.
    **c**  No tires papel ni otros desperdicios en el campo.
    **d**  No causes incendios en el campo.

    **e**  Recicla el papel.
    **f**  Recicla el vidrio, las latas y las pilas.
    **g**  Ve a pie o en bicicleta.
    **h**  No dejes encendidas las luces al salir de casa.

**5**    Lee el anuncio y contesta las preguntas.

Las Flores...    El Oxígeno...    Las Águilas...    Los Zorros...    La Lluvia...

# Si perdemos los árboles
## lo perdemos todo.

El oxígeno, el agua, la diversidad animal y vegetal, el ritmo de las lluvias, las defensas contra el viento y la erosión, los cultivos.... los incendios destruyen los árboles y, con ellos, gran parte de los recursos naturales que mantienen el equilibrio de nuestros ecosistemas.

Por eso es tan importante defendernos contra los incendios. Por eso el Ministerio de Medio Ambiente está dedicando enormes recursos humanos y económicos para transmitir a toda la población las medidas básicas de cuidado y prevención. Pero no basta. Es necesario que todos dediquemos, especialmente en la época de verano, un cuidado prioritario a esta importantísima tarea: defender nuestro patrimonio natural contra el fuego.

El Ministerio de Medio Ambiente te agradece tu colaboración y, un año más, te pide un esfuerzo especial para proteger los árboles. Porque, si los perdemos, lo perderemos todo.

**No quemes tu futuro.**

UNIÓN EUROPEA

Ministerio de Medio Ambiente

**1**  ¿Qué pasa si perdemos los árboles?
**2**  ¿Qué destruyen los incendios forestales?
**3**  ¿Qué es necesario hacer, sobre todo en verano?
**4**  ¿Te llamó la atención este anuncio? ¿Por qué?

**1** Escucha la canción y contesta las preguntas.

**1** ¿Cómo viajan los viajeros?
**2** ¿Qué no saben?
**3** ¿Qué toman?
**4** ¿Qué cruzan?
**5** ¿De qué tiene cuidado el conductor?
**6** ¿Cuántos litros de gasolina necesitan?
**7** ¿Qué pasa con el coche?
**8** ¿Qué buscan los viajeros?

# En marcha

De vacaciones estamos
y de viaje nos vamos.
Súbete al coche,
llegamos esta noche.

De Soria a Ávila,
de Burgos a Málaga,
abróchate el cinturón,
aquí viene un camión.

Nos hemos perdido,
No sabemos el camino.
¿Por dónde se va?
¿A qué distancia está?

La autopista tomamos.
A la izquierda doblamos.
Cruzamos el puente.
¡Cuidado con la gente!

La gasolinera a 30 metros.
Póngame 20 litros.
De gasolina lléneme
y el aire compruebe.

Tengo una avería,
mire la batería.
Está roto el parabrisas.
Por favor, ando con prisas.

De vacaciones estamos
y de viaje nos vamos.
Albergue buscamos,
mañana llegamos.

**2** Escribe un párrafo sobre un viaje en coche.

Now you can:

- Ask about and say what you know how to do.

  ¿Sabes conducir una moto?
  No, pero sé montar en bicicleta.

- Ask about hiring a car and give relevant information.

  Quisiera alquilar un coche por tres días.
  Mi fecha de nacimiento es el 12 de julio de 1980. Vivo en la calle Heredia, número 30. El código postal es …

- Book in at a youth hostel. Ask about facilities and regulations.

  Hemos reservado camas a nombre de Orejana.
  Tenemos tarjeta de afiliación.
  ¿A qué hora se cierra el albergue?

- Buy fuel and ask for other services at a petrol station.

  Póngame 30 litros de súper sin plomo.
  ¿Puede comprobar los neumáticos y el aceite?

- Describe and understand weather conditions and forecasts in the past, present and future.

  Estaba nublado ayer. Hoy el cielo está despejado.
  Mañana habrá heladas.

- Talk about weather and seasons.

  No me gusta el invierno porque odio el frío.
  La estación del año que prefiero es la primavera.

- Ask to try on clothes in a shop.

  ¿Puedo probarme una chaqueta impermeable en rojo de la talla treinta y ocho?

- Give and understand opinions about clothes.

  Creo que la ropa de marca es demasiado cara.
  Si tuviera mucho dinero compraría una camisa de Ralph Lauren y un traje de Armani.

- Ask for and understand information about routes.

  ¿Por dónde se va a Pedraza?
  Tiene que tomar la autopista hasta Segovia donde tiene que tomar la carretera a Sepúlveda.

- Report the details of an accident.

  Hemos tenido un accidente. El coche está averiado.
  Chocamos contra las obras. No es grave. No hay heridos.

- Ask about and describe the features of a town or region.

  ¿Cómo es el paisaje de la región? ¿Qué monumentos interesantes tiene? ¿Cuáles son los platos típicos?
  Hay campos de trigo, ríos y bosques. Tiene un castillo medieval. Los platos típicos son cordero asado y jamón serrano.

- Compare regions or towns.

  Madrid no es tan tranquilo como Pedraza.
  No hay tanto transporte público en el campo como en la ciudad.

- Ask about and understand availability of food.

  ¿Tienen gambas?
  Lo siento. No quedan.

- Ask for specific quantities of food in a shop.

  Deme cien gramos de jamón y medio kilo de tomates.

- Understand and express opinions on aspects of environmental damage or change.

  La desertización es la degradación de los recursos naturales, agua, suelo y vegetación.
  Creo que tenemos que cambiar la mentalidad del hombre para que sea más responsable y menos materialista.

# La despedida

## 1 Vamos a cenar fuera

**1** Escucha la cinta y pon las frases que faltan en
el orden correcto.

– Restaurante El Acueducto, dígame.
– **1** ..............
– ¿A qué hora?
– **2** ..............
– No, lo siento, no hay mesas libres
para las 9h.
– **3** ..............
– ¿Le conviene a las 10h?
– **4** ..............
– ¿Para cuántas personas?
– **5** ..............
– ¿A nombre de quién?
– **6** ..............
– En la terraza ya no quedan. Pero hay una mesa cerca de la ventana.
– **7** ..............
– De nada, señor. Adiós.

**a** Orejana. ¿Hay una mesa en la terraza?
**b** ¿Hay una mesa libre más tarde?
**c** Somos cuatro.
**d** Está bien. Gracias, adiós.
**e** ¿Hay una mesa libre para las 9h?
**f** A las 10h entonces.
**g** Quisiera reservar una mesa para esta noche.

**2** Trabaja con tu compañero/a. Reserva una mesa
en tu restaurante favorito para ti y tu familia.

**3** Escucha y lee. ¿Son verdaderas o falsas las frases?

– Buenas tardes, ¿han reservado una mesa?
– *Sí, hemos reservado una mesa a nombre de Orejana.*
– Pasen por aquí.

– ¿Van a tomar el menú del día o quieren ver la carta?
– *Tráiganos la carta, por favor. Y la lista de vinos.*
– En seguida.

**1** Mateo, Sara y sus amigos no han llegado a tiempo.
**2** Han reservado a nombre de Sara.
**3** Han tenido que esperar.

**4** Han pedido la carta.
**5** No han pedido la lista de vinos.
**6** El camarero no les ha atendido.

La despedida

el menú del día – *set menu*
la carta – *menu*
la lista de vinos – *wine list*

## acuérdate

he pedido – I have asked for
has reservado – you have reserved
ha elegido – he/she/you (formal) have chosen
hemos tomado – we have had (food and drink)
habéis comido – you (plural) have eaten
han llegado – they/you (plural, formal) have arrived

¿Quieres saber más?
Mira la página 104.

**4** Escucha la cinta. Empareja las frases con los dibujos.

1 He reservado una mesa.
2 Has llegado a tiempo.
3 Ha pedido la lista de vinos.
4 Hemos elegido el menú del día.
5 Ha tomado vino tinto.
6 Habéis comido bien.

**A**

**B**

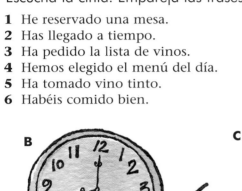

**C**

**D**

**E**

**F**

**5** Trabaja con tu compañero/a. Por turnos, haz y contesta las siguientes preguntas.

1 ¿Has comido en un restaurante español / turco / francés?

2 ¿Has probado el gazpacho / la paella / los calamares?

3 ¿Has tomado café solo / té con limón / agua mineral con gas?

## ❷ ¡Oiga, camarero!

### CARTA

#### ENTRANTES

Jamón de Bellota .....................
Lomo Embuchado .....................
Chorizo Ibérico .....................
Surtido Ibérico .....................
Entremeses (Fríos y Calientes) .....................
Gambas al Estilo "1800" (Ajillo) .....................
Morcilla de Burgos .....................
Pimiento del Piquillo .....................
Jamón con Melón (s/estación) .....................
Champiñón al Ajillo .....................
Tortilla al gusto .....................

#### SOPAS Y VERDURAS

Caldo "Candelas" .....................
Sopa de Ajo "Castellana" .....................
Sopa al cuarto de hora .....................
Gazpacho (s/estación) .....................
Alcachofas con Jamón .....................
Judías Verdes Salteadas .....................
Espárragos Naturales (s/estación) .....................
Espárragos dos Salsas .....................
Ensalada Mixta .....................
Ensalada de Lechuga y Tomate .....................
Revuelto de Ajetes .....................
Revuelto de Gambas y Champiñón .....................

#### PESCADOS

Merluza "Candelas" .....................
Lubina al Horno .....................
Salmón a la Parrilla .....................
Angulas Bilbaina .....................
Calamares a la Andaluza .....................

#### ASADOS Y CARNES

Cochinillo Asado .....................
Cordero Asado .....................
Solomillo "Candelas" .....................
Entrecot .....................
Chuletas de Cordero Lechal .....................
Filete de Ternera .....................
Escalope de Ternera .....................

#### GUISOS

Callos a la Madrileña .....................
Pepitoria de Gallina .....................
Conejo con Tomate .....................
Pochas con Chorizo y Morcilla .....................
Paella Mixta (2 personas) A.M. .....................

#### POSTRES

Postre "Candelas" .....................
Copa "Candelas" .....................
Tarta Helada o al Whisky .....................
Helados o Sorbetes Variados .....................
Flan al Caramelo .....................
Flan con Nata y Guindas .....................
Fruta del tiempo .....................
Macedonia de Frutas .....................
Queso Manchego .....................
Queso Manchego con Membrillo .....................
Piña Natural .....................
Melón (s/estación) .....................
Fresón al gusto (s/estación) .....................

Pan y Aceitunas ó Chistorra .....................

MADRID
DE LOS
AUSTRIAS

**1** Escucha la cinta y mira la carta.
¿Qué piden los amigos?

> **socorro**
> los calamares – *squid*
> las chuletas de cordero – *lamb chops*
> el gazpacho – *chilled soup*
> la ternera – *veal*
> la merluza – *hake*
> el jamón – *ham*
> el melón – *melon*
> el conejo – *rabbit*
> la tortilla – *omelette*

**RESTAURANTE**

FUNDADO EN 1949

Hay Hojas de reclamaciones.
Servicio e I.V.A. Incluidos

# CARTA
## DE VINOS Y LICORES
### 1/2

Vino de la Casa (Navalcarnero) .
Marqués de Riscal (Rioja casa) .
Sangria Especial ..............

**VINOS BLANCOS**
Marqués de Riscal ....................
Monopole ...............................
Viña Sol .................................
Viña Esmeralda .......................
San Valentín ...........................

**VINOS ROSADOS**
Marqués de Riscal .....................
Peñalosa (Rivera del Duero) ......
Torres de Casta ......................

**VINOS TINTOS**
Marqués de Riscal ....................
Sangre de Toro .........................
Coronas ..................................
Gran Sangre de Toro ................
Gran Coronas .........................
Viña Tondonia, Rva. ...............
Viña Ardanza, Rva. ..................
Conde de Valdemar Rva. 89 .....
Rioja Alta 904 Rva. 73 .............
Yllera ...................................

**CAVAS Y CHAMPAGNES**
Codorniu Extra .........................
Codorniu N.P.U. ......................
Viuda de Clicot o similar ...............
Benjamín de Codorniu .................
Sidra el Gaitero .......................

**CAFES E INFUSIONES**
Café Express o Descafeinado ...............
Infusiones ..............................
Café Escocés o Irlandés ...............
Carajillo ...............................

**APERITIVOS Y REFRESCOS**
Vermouth ............................
Martini Cocktail .....................
Campari o Americano ...............
Gin Tonic .............................
Cuba Libre ...........................
Manhattan ...........................
Ricard ................................
Fernet Branca .......................
Zumo Naranja, Limón o Tomate ...........
Refresco (Naranja, Limón, Cola, etc) ......
Jeréz o Manzanilla ..................
Oporto ...............................

**AGUA MINERAL Y CERVEZAS**
Agua Mineral sin gas (1/2) ............
Agua Mineral con gas (1/2) ...........
Gaseosa (1/2) .........................
Cerveza Especial Barril (Copa) ........
Aguila Reserva o Similar ..............
Mahou 5 Estrellas (1/3) ...............
Cerveza sin Alcohol ..................

**COÑACS, LICORES Y WHISKIES**
Veterano, Soberano o Similar .............
Magno, Carlos III, Torres 5 ...........
Torres 10 .............................
Carlos I ..............................
Cardenal Mendoza ....................
Larios 1866 ...........................
Coñac Frances o Miguel I ............
Ron o Vodka .........................
Anis o Ginebra ......................
Whisky Escocés o Americano ...........
Whisky Chivas, Reservas o E. Negra ......
Baileys, Drambuie y Royal Tara ..........
Pacharan ............................
Licor de Manzana, Melocotón, etc. ........
Licor de Madroño ....................
Orujo Blanco o de Hierbas .............

**2** Mira la carta. Haz el papel de camarero y cliente con tu compañero/a.

**3** Mira la carta y escucha la cinta. ¿Qué recomienda el camarero en cada caso? ¿Qué piden las personas?

¡Oiga, camarero/camarera!

¿Qué va a tomar?

De primer plato, tortilla española.

¿Y de segundo plato?

¿Qué recomienda?

El cordero asado está muy bueno.

Pues, el cordero.

¿Y para beber?

Agua mineral sin gas.

En seguida.

## ③ Está riquísimo

**1** Escucha y lee. ¿Qué opinan los jóvenes de sus platos?

≪
– ¿Qué tal está el jamón con melón?
– *Está buenísimo.*
– ¿Y los calamares?
– *Están riquísimos. ¿Quieres probar uno?*
– No, no gracias. No me gustan nada. Me dan asco.
– *Prueba un poco de tortilla.*
– Me gusta mucho la tortilla. ¡Umm! ¡Está riquísima!
– *¿Qué tal está el gazpacho?*
– Está rico pero demasiado picante.
– *Pásamelo. No, yo creo que está demasiado salado.*
– Déjame probar. ¡Ay! Está saladísimo.
≫

**socorro**

prueba – *try*
está bueno/a – *it is good*
están buenos/as – *they are good*
¿Quieres probar? – *Do you want to try?*
me da asco – *it makes me feel sick*
demasiado picante/s – *too spicy*
picante/s – *hot, spicy*
salado/a/s – *salty*
pásame – *pass me*
déjame probar – *let me try*

### acuérdate

salado/a/s – *salty*
saladísimo/a/s – *very salty*
rico/a/s – *tasty*
riquísimo/a/s – *very tasty*

**2** Pregunta a tu compañero/a qué tal están los platos de los jóvenes.

¿Qué tal está el gazpacho de Sara?

Está rico.

**3** Mira los dibujos. Pregunta a tu compañero/a qué tal están los platos.

*ejemplos*

¿Qué tal están las judías?

Están buenas.

¿Qué tal está el pollo?

Está salado.

**1**

**2**

**3**

**4**

 **4** Escucha y lee. ¿Qué pide Mateo de postre para sus amigos?

« – ¿Quieren postre?
– *¿Qué hay de postre?*
– Hay flan, helado, tarta helada, fruta del tiempo …
– *Para él, fruta del tiempo. Para ella, helado. Y para nosotros flan.*
– En seguida. »

*acuérdate*

para mí
para ti
para él/ella/usted
para nosotros
para vosotros
para ellos/ellas/ustedes

**5** Trabaja con tus compañeros/as. Pide postre para ti y para ellos/ellas.

**6** Escribe tu carta ideal para un restaurante.

# ④ Las quejas

**1** Escucha la cinta. ¿Cuáles son las quejas de los jóvenes?

**1** ¿Dónde están los postres? El servicio es muy lento. ¡Camarero!

**2** Sí, señor.

Llevamos esperando media hora por los postres.

Se los traigo inmediatamente.

**3** ¿Dónde está mi postre? ¡Camarero!

Sí, señorita.

Falta un postre.

Se lo traigo ahora mismo.

**4** ¡Oiga, camarero! Este plato está sucio.

Y falta una cuchara.

Le traigo otro plato y una cuchara en seguida.

**5** ¡Camarero! Esta piña está mala.

¡Perdón! Se la cambio.

**6** No pedí helado, pedí flan.

Lo siento, se lo cambio.

**7** ¡Ay, me has manchado los vaqueros!

¡Perdón! Se los limpio.

¡No! ¡Tráiganos la cuenta!

¿Van a tomar café?

No, gracias.

**8** ¡Camarero! Hay un error en la cuenta.

Lo siento.

¿Está incluido el servicio?

Sí, señor.

¡Qué pena!

**2** Trabaja con tu compañero/a. Explícale el problema de cada dibujo.

> ¡Camarero! El mantel está sucio.

> Lo siento. Se lo cambio inmediatamente.

1 2 3 4 5 6

| Falta | mantel | | |
|---|---|---|---|
| No hay/Hay | cuchara | | |
| No tengo/Tengo | tenedor | | |
| | cuchillo | | |
| El/La/Los/Las | copa | es | sucio/a(s) |
| | vaso | está(n)/no está(n) | bueno/a(s) |
| | taza | | malo/a(s) |
| | plato | | frío/a(s) |
| | cenicero | | salado/a(s) |
| | sal | | picante(s) |
| | pimienta | | fresco/a(s) |
| | azúcar | | dulce(s) |
| | vinagre | | |
| | aceite | | |
| | un error | | |
| Le/Les traigo otro/a(s) | | en seguida | |
| Se lo/la/los/las traigo | | inmediatamente | |
| Se lo/la/los/las cambio | | ahora mismo | |

**3** Lee la página del diario de Mateo y contesta las preguntas.

**1** ¿Qué hicieron los amigos esta noche?

**2** ¿Qué tiempo hacía?

**3** ¿Dónde estaba la mesa?

**4** ¿Qué comió Mateo?

**5** ¿Qué le pareció?

**6** ¿Qué le pasaba al camarero?

**7** ¿Qué pasó con el postre de Sara?

**8** ¿Por qué no pidieron café?

**9** ¿Dejaron propina? ¿Por qué/Por qué no?

**4** Escribe sobre una visita a un restaurante. Describe lo bueno y lo malo.

> Esta noche salimos a cenar, Sara, Pedro, Mari Luz y yo. Fuimos al restaurante El Acueducto. Hacía mucho calor, y no había mesa libre en la terraza. Nos sentamos cerca de la ventana. Yo comí calamares, de primer plato - estaban riquísimos. De segundo comí chuletas de cordero - estaban buenísimas. Todo iba bien hasta que pedimos los postres. El camarero no sabía lo que estaba haciendo. Tuvimos que esperar media hora por los postres. Después no trajo el postre de Sara y cuando lo trajo no era el postre que había pedido. Y además se le cayó la mitad del postre encima de los vaqueros de Sara. Eso no fue todo, a mí me faltaba una cuchara, Mari Luz tenía un plato sucio y la piña de Pedro estaba mala. Estábamos tan hartos que no quisimos tomar café allí y pedimos la cuenta. Cuando nos trajo la cuenta había un error. ¡Menos mal que estaba incluido el servicio porque yo no le iba a dejar propina! Aparte de todo esto lo pasamos muy bien.

# ⑤ No me siento bien

 **1** Escucha la cinta. ¿Qué le pasa a Mateo?

– ¿Qué te pasa, Mateo?
– *No me siento bien.*
– ¿Te duele algo?
– *Me duele mucho el estómago.*
  *He vomitado dos veces.*
– La cena de anoche no te ha
  sentado bien.
– *Seguro.*
– ¿Tienes fiebre?
– *Creo que sí. No he dormido en toda*
  *la noche y estoy mareado.*
– Quédate en la cama. Iré a la farmacia.

**socorro**

no me siento bien – *I don't feel well*
he vomitado – *I have been sick*
¿Tienes fiebre? – *Do you have a temperature?*
estoy mareado – *I feel sick*

el ojo
la boca
la nariz
la cabeza
el diente / la muela
la oreja / el oído
la garganta
el dedo
la espalda
el estómago
la mano

Me duele/n
Tengo dolor de

la pierna
la rodilla
el pie

| Me he hecho daño en … |  |
| --- | --- |
| Me he cortado … | |
| Me he roto … | |
| Me he quemado … | |
| Me he torcido … | |
| Me ha picado una avispa. | |
| Tengo | una insolación |
| | la gripe |
| | la rodilla hinchada |
| | la pierna rota |
| | tos |
| | fiebre |
| | una herida |
| Estoy | enfermo/a |
| | mareado/a |
| | constipado/a |
| | estreñido/a |
| | resfriado/a |

**2a** Escucha la cinta. ¿Qué les pasa a estas personas?
Pon los dibujos en el orden correcto.

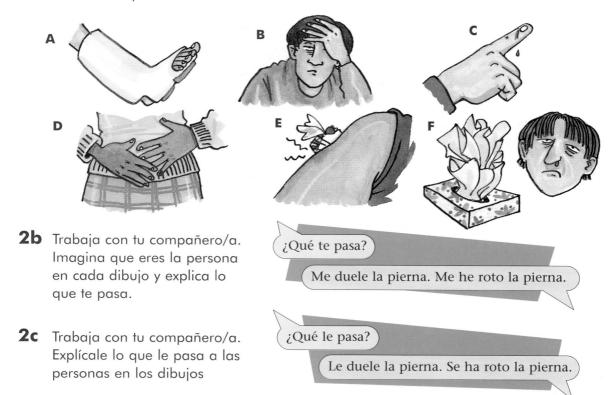

A

B

C

D

E

F

**2b** Trabaja con tu compañero/a.
Imagina que eres la persona
en cada dibujo y explica lo
que te pasa.

> ¿Qué te pasa?
>
> Me duele la pierna. Me he roto la pierna.

**2c** Trabaja con tu compañero/a.
Explícale lo que le pasa a las
personas en los dibujos

> ¿Qué le pasa?
>
> Le duele la pierna. Se ha roto la pierna.

**3** Escribe una postal describiendo lo que os pasó
a ti y a tus amigos durante las vacaciones.

▶ 25–30 ◀

# **6 En la farmacia**

SOCORRO

la farmacia –
*vende medicamentos*

la droguería –
*no vende medicamentos,
vende pasta de dientes,
gel de baño, maquillaje …*

la perfumería –
*vende perfumes y maquillaje
de marca*

 **1** Escucha y lee. Mira las fotos de los productos. ¿Qué recomienda el farmacéutico?

**A**

– Buenos días. ¿En qué puedo servirle?
– *Mi amigo tiene dolor de estómago, ha vomitado, tiene fiebre y se
siente mareado. ¿Me puede recomendar algo?*
– ¿Hace mucho que le duele?
– *Desde anoche. ¿Es necesario ver a un médico?*
– No creo que sea nada serio. Estas pastillas son muy buenas.
– *¿Cuántas veces al día hay que tomarlas?*
– Que tome dos pastillas cada cuatro horas y que beba mucha
agua. Le aconsejo que coma cosas ligeras y evite los
productos lácteos.
– *Gracias. ¿Cuánto es?*
– Son 850 pesetas.
– *Tome usted. ¿Me puede dar el recibo?*
– En seguida, señorita. >>

**B**

**C**
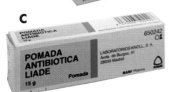

**D**

**E**

SOCORRO
las pastillas – *tablets*
las aspirinas – *aspirins*
la crema – *cream*
la pomada – *lotion*
las tiritas – *plasters*
el jarabe – *cough mixture*
el antiséptico – *antiseptic*
Tome dos cucharaditas tres veces al día antes de comer. –
*Take 2 teaspoonsful 3 times a day before eating.*
Tome una pastilla cuatro veces al día después de comer. –
*Take one tablet 4 times a day after eating.*
Aplíquese cada cuatro horas. – *Apply every 4 hours.*
No sobrepase la dosis especificada. – *Do not exceed the stated dose.*

## GRAMÁTICA

The subjunctive mood is used after certain phrases. You can often avoid it by using the infinitive.

Le recomiendo que guarde cama./Le recomiendo guardar cama.
Le aconsejo que no tome más el sol./Le aconsejo no tomar más el sol.
Es aconsejable que vea a un médico./Es aconsejable ver a un médico.
Es mejor que coma cosas ligeras./Es mejor comer cosas ligeras.

**¿Quieres saber más?**
Mira la página 107.

**2a** Escucha la cinta. ¿Qué les pasa a estas personas?
¿Qué recomienda el farmacéutico en cada caso?

**2b** Escucha otra vez y marca la dosis y el precio de cada tratamiento.

**3** Trabaja con tu compañero/a. Por turnos explica lo que te pasa en cada caso y recomienda un remedio.

**7 Una visita al médico**

 **1** Escucha la cinta y lee el diálogo.
Luego contesta las preguntas.

1 ¿Adónde llama Mateo por teléfono?
2 ¿Qué quiere?
3 ¿Qué día sugiere la recepcionista?
4 ¿Le conviene a Mateo? ¿Por qué/Por qué no?
5 ¿Para qué hora le da hora la recepcionista?
¿Le viene bien?

 – Consultorio Díaz. ¿Dígame?
– *¿Puede darme hora para una visita al médico?*
– ¿Puede venir el jueves por la tarde?
– *¿No puede ser hoy? Me duele mucho el estómago
y me encuentro muy mal.*
– ¿Quiere venir a las 12h?
– *Sí, me viene bien.*
– ¿Su nombre, por favor?
– *Mateo Orejana.* >>

 **2a** Escucha la cinta y apunta lo que les pasa a los pacientes
**12** y el día y la hora que pueden hacer una visita al médico.

**2b** Trabaja con tu compañero/a. Mira los datos que has
apuntado y haz los papeles de la recepcionista y los pacientes.

 **3** Escucha y lee. ¿Son verdaderas o falsas las siguientes frases?

1 Mateo se siente mejor.
2 Tiene diarrea desde hace dos días.
3 Ha comido mariscos.
4 No ha tomado ningún medicamento.
5 El médico no le receta nada.
6 Puede sobrepasar la dosis.
7 Puede comer lo que quiera.
8 Debe beber mucho.

 – ¿Qué te pasa?
– *Me duele mucho el estómago.*
– ¿Cómo te sientes?
– *Me siento muy mal. He vomitado
mucho y tengo diarrea.*
– ¿Cuánto tiempo hace que estás así?
– *Hace dos días. Cené en un restaurante
y la comida no me sentó bien.*
– ¿Qué comiste? ¿Pescado, mariscos?
– *Comí calamares.*

> – ¿Has tomado algún medicamento?
> – *Sí, el farmacéutico me recomendó unas pastillas. Las tengo aquí.*
> – Te voy a recetar algunas más fuertes.
> – *Gracias, ¿cuántas debo tomar?*
> – Dos, tres veces al día y no sobrepases la dosis.
> – *¿Puedo comer?*
> – Te aconsejo que no comas nada durante 24 horas y que tomes muchos líquidos.
> – *Vale.*

 **4a** Escucha la cinta y rellena el formulario con los datos de los pacientes.

**4b** Trabaja con tu compañero/a. Mira los datos que has apuntado y haz los papeles del médico y de los pacientes.

**5** Escribe una nota en inglés explicando las 10 recomendaciones para la protección contra el sol.

10 Lecciones de sol

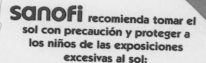

**sanofi** recomienda tomar el sol con precaución y proteger a los niños de las exposiciones excesivas al sol:

1 No exponga al sol a los bebés menores de 6 meses.

2 Para los mayores, sepa reconocer su tipo de piel, que determina su capacidad de protección.

3 Evite tomar el sol en exceso entre las 10 y las 16 horas. En ese espacio de tiempo es mejor estar a la sombra.

4 Utilice un protector solar -índice de protección igual o superior a 15- y renuévelo frecuentemente (cada 30 minutos).

5 Proteja la cabeza y la piel de los bebés y los niños más pequeños, no solamente de los rayos U.V., sino también del calor (sombrero, sombrilla).

6 En caso de exposición prolongada, la mejor protección es la ropa (gorra, camiseta, gafas).

7 No se fíe de las nubes, que dejan pasar el 80% de los U.V.

8 Evite asociar exposición solar y medicamentos fotosensibilizantes.

9 Evite las cremas destinadas a facilitar el bronceado.

10 ¡Dé ejemplo!

# 8 Tintorería y lavandería

 **1** Escucha la cinta y elige el dibujo apropiado para lo que cada persona lleva a la tintorería.

A
B
C
D
E

**2** Trabaja con tu compañero/a. Por turnos, haz los papeles del empleado de la tintorería y un cliente. Pide que le limpie la ropa en los dibujos de la actividad 1.

> Hola, buenos días.
>
> ¿En qué puedo ayudarle?
>
> ¿Me puede limpiar esta falda/este abrigo/estos pantalones, por favor?

 **3** Escucha la cinta. ¿Cuándo quiere recoger la ropa cada cliente?

**a** Cuanto antes / Lo más pronto posible.
**b** Hoy por la tarde.
**c** Mañana por la mañana.
**d** Mañana por la tarde.
**e** La semana que viene.

**socorro**

cuanto antes/ lo más pronto posible – *as soon as possible*
hoy por la tarde/esta tarde – *this afternoon*
mañana por la mañana – *tomorrow morning*
mañana por la tarde – *tomorrow afternoon*
la semana que viene – *next week*

**4** Lee el anuncio y contesta las preguntas.

**1** ¿Cuándo está abierta la lavandería?
**2** ¿Dónde está?
**3** ¿Cómo se puede ir allí?

# LAVANDERÍA AUTOMÁTICA

**ABIERTO LUNES a SÁBADO**

C/. Don Felipe, 4
(esq. Corredera Baja de San Pablo)
28004 Madrid

 **TRIBUNAL**

**5a** Mira los dibujos y elige la frase apropiada para completar cada frase.

1

> Hay una mancha en la manga, …

2

> El vestido está rasgado, …

3

> La cremallera está rota, …

4

> Estos zapatos están estropeados, …

**a** ¿es posible arreglarlos?
**b** ¿puede ponerle otra?
**c** ¿puede arreglarlo?
**d** ¿puede quitarla?

**socorro**
la mancha – *stain*
roto, estropeado – *broken*
rasgado – *torn*
quitar – *to remove*
arreglar – *to repair*

**5b** Trabaja con tu compañero/a. Por turnos haz los papeles del cliente y el empleado. Cambia el siguiente diálogo para cada situación de la actividad 5a.

TU HERMOSA LAVANDERÍA
LIMPIA PARA TODO EL MUNDO

7 Kg.    16Kg.

Secadoras doble capacidad

« – Hola, buenos días. ¿En qué puedo ayudarle?
– *Hola, buenos días. ¿Me puede limpiar esta blusa?*
– Sí, señor/señorita.
– *Hay una mancha en la manga. ¿Cree que puede quitarla?*
– Creo que sí.
– *¿Cuánto costará?*
– Costará mil pesetas.
– *Vale. ¿Y cuándo puedo recogerla?*
– Mañana por la tarde. ¿Está bien?
– *Sí, perfecto. Gracias.*
– Gracias. Adiós.
– *Adiós.* »

# ¿A favor o en contra?

 **1** Escucha la cinta y lee las opiniones que dieron unos chicos sobre las chicas y el fumar en una entrevista de la revista TÚ.

**A** – Yo lo detesto. Besar a una chica que fuma es para mí, lo mismo que besar a un cenicero. Por suerte, mi novia no tiene ese vicio. Además, yo no lo soportaría.

**B** – Yo fumo, así que no me importa para nada que mi chica lo haga. Es más, la muchacha con la que salgo ahora no lo hace, y la verdad es que me siento muy incómodo, porque creo que a ella sí le molesta.

**C** – Yo no fumo y mi novia tampoco. Pero pienso que es decisión de cada uno hacer lo que más desee. Si mañana ella quisiera hacerlo, yo no se lo impediría.

**D** – No soporto el olor y, mucho menos, el aliento de las fumadoras. No saldría con una chica que fumara.

**F** – Yo fumo y me agrada que mi novia también lo haga.

**G** – No me gustan las prohibiciones, pero confieso que no me agrada la idea de que fume.

**H** – Yo creo que deben respetarse las preferencias de los demás. Así que si quieren fumar, que lo hagan.

**I** – El cigarrillo es dañino para la salud. Por eso, pienso que si quieren fumar deben hacerlo en un lugar donde no estén molestando a los demás con el humo.

**J** – Son la peor fuente de contaminación ambiental que existe en la humanidad.

**K** – Si a ellas no les importa ... a mí menos.

**L** – Casi son unas suicidas.

**M** – Huelen a rayo.

**2** ¿Qué significan las siguientes frases y palabras?
Si no puedes adivinarlas por el contexto, búscalas en el diccionario.

| | |
|---|---|
| besar a un cenicero | no me agrada |
| vicio | dañino |
| el aliento | huelen a rayo |

**3** Busca entre las opiniones:

**a** un punto de vista basado en la salud y los riesgos de fumar.
**b** quiénes consideran los derechos del individuo.
**c** un chico que fuma y que se da cuenta de que molesta a su novia.
**d** las que, para ti, representan las mejores razones para no fumar.

**4** ¿Cuáles están a favor y cuáles
en contra de fumar? Apunta las
letras apropiadas en dos listas:

| A favor | En contra |
|---------|-----------|
|         |           |

**5** Trabaja con tu compañero/a. Uno de vosotros está a favor de
fumar y el otro no. Haz un discurso usando las opiniones de la
revista TÚ dando tu propio punto de vista.

**6** Diseña un póster o folleto para una campaña para disuadir a
los jóvenes de fumar.

# 10 ¡Adiós y buen viaje!

 **1** Escucha y lee. Luego contesta las preguntas.

– Buenos días. ¿En qué puedo ayudarle?
– *Quisiera comprar un billete de avión para Londres.*
– Para Londres. ¿Cuándo quiere ir?
– *Quisiera ir el miércoles o el jueves de esta semana.*
– ¿Quiere un billete de ida y vuelta?
– *No, de ida sólamente.*
– ¿Quiere ir en clase club o clase turista?
– *En clase turista. Sale más barata, ¿verdad?*
– Sí, es más barata. Bueno, vamos a ver … Puede ir el miércoles o el jueves
  a las 16.55 de Madrid a Gatwick o puede ir a Heathrow a las 18.30.
– *Preferiría el vuelo a Gatwick el miércoles.*
– Muy bien. El miércoles, a las 16.55
  de Madrid a Gatwick.
– *¿A qué hora llega a Londres?*
– Llega a las 17.05, hora local.

1 ¿Cómo va a volver a Inglaterra Sara?
  ¿En tren, en autobús o en avión?
2 ¿Cuándo le gustaría irse?
3 ¿Quiere un billete de ida y vuelta
  o de ida solamente?
4 ¿Por qué quiere ir en clase turista?
5 ¿A qué hora sale el vuelo a Gatwick?
6 ¿A qué hora llega?

 **2** Escucha la cinta y rellena la ficha.

**13 3** Trabaja con tu compañero/a. Haz los
papeles de un cliente y el empleado de la
agencia de viajes. Utiliza la información
en la ficha de la actividad 2.

**4** Lee la información y contesta las
preguntas.

1 ¿Adónde tengo que llamar para reservar
  o confirmar un vuelo?
2 ¿Es siempre necesario tener una reserva?
3 ¿Hay descuentos o precios especiales
  para jóvenes?
4 ¿Qué otras ofertas o tarifas especiales
  hay?

Vuelos
## Madrid-Barcelona
## Barcelona-Madrid
air europa

**CENTRALES DE CONFIRMACION Y RESERVA**

U sted podrá comprar sus billetes con reserva o sin reserva. Podrá personarse en nuestras oficinas del aeropuerto y embarcar en el último momento si hay plazas en el próximo avión.

Si dispone de un billete cerrado con su reserva solicitada, podrá también cambiarla en cualquier momento, llamando a nuestras centrales de reserva.

En nuestra Clase Club mejoramos el servicio con barra libre, prensa a bordo, desayunos especiales, etc…

Para cualquier información, confirmación o reserva llámenos a los siguientes números:

**902 24 00 42**
24 hs. desde el 2 de Junio

**MADRID**
(91) 540 60 00*

**BARCELONA**
(93) 439 35 35*

\* *Laborables: de 08 a 21 horas.*
\* *Sábados: de 09 a 14 horas.*

| MADRID • BARCELONA / BARCELONA • MADRID | | |
|---|---|---|
| Tarifas | Ida | Ida y Vuelta |
| CLASE CLUB | | |
| CLASE TURISTA | 16.000 | 32.000 |
| TARIFA GENIAL | 13.600 | 27.200 |
| TARIFA FIN DE SEMANA | – | 23.000 |
| TARIFA JOVENES Y BROCHE DE ORO | – | 19.200 |
| TARIFA ANIVERSARIO | 11.500 | 20.400 |
| | | 23.000 |

4

**5a** Escucha la cinta y lee la tarjeta de embarque.

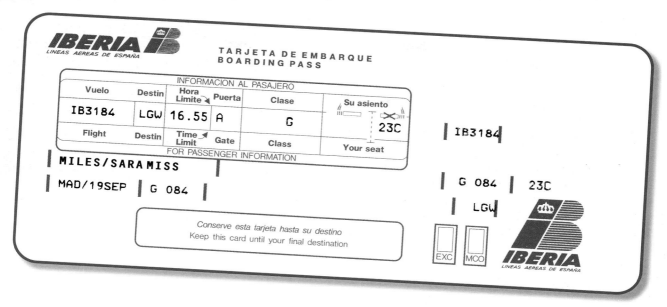

**5b** Trabaja con tu compañero/a. Por turnos haz los papeles de Sara y Mateo. Emplea la información en la tarjeta de embarque para contestar las siguientes preguntas.

**1** ¿Cuál es el número del vuelo?
**2** ¿A qué hora sale?
**3** ¿A qué puerta tienes que ir?
**4** ¿Qué número de asiento tienes?
**5** ¿Está en la sección de fumadores o de no fumadores?

 **6** Escucha la cinta y lee el diálogo.

– Bueno, ya te tienes que ir, ¿verdad? ¿Qué tal te lo has pasado?
– *Lo he pasado muy bien, fenomenal, sobre todo el partido y el viaje a Pedraza.*
– Gracias por venir. Ha sido fantástico conocerte y pasar estos días contigo.
– *¡Qué va, hombre! El gusto ha sido mío. Gracias por todo y dales las gracias de mi parte a tus padres.*
– Adiós, Sara, y buen viaje.
– *Adiós. Y no te olvides de escribirme.*
– Sí, sí, sí, te lo prometo. Oye, y que vuelvas pronto.
– *Vale, adiós.*

**7** Trabaja con tu compañero/a. Imagina que tu compañero/a es un/a amigo/a que vive en España. Acabas de pasar unos días en su casa. Despídete de él/ella y dale las gracias.

**1** Escucha la canción.

# En un restaurante

Oiga camarera,
Tráigame la carta.
¿Qué me recomienda
Para la merienda?

Oiga camarera,
Tráigame cordero.
De primero salmón
Y de postre el melón.

Mi plato favorito,
Judías con chorizo.
Pásame el pan
¡Qué ricas están!

Para mí una sopa,
Para él la tortilla.
Me falta cuchara
Para probarla.

¿Qué hay de postre?
Me gusta lo dulce
Helado o flan,
Lo mismo me dan.

La cuenta, por favor
No hay ningún error.
Propina dejamos
Y a casa nos vamos.

**2** Contesta las preguntas.

**1** ¿Qué pide de plato principal la persona en la estrofa 2?
**2** ¿Cuál es la comida preferida de la persona en la estrofa 3?
**3** ¿Qué tal está su plato?
**4** ¿Por qué no puede probar la sopa la persona en la estrofa 4?
**5** ¿Es correcta la cuenta?
**6** ¿Dejan dinero para el camarero?

BOTANA

# RESUMEN

Now you can:

- Book a table at a restaurant.

  Quisiera reservar una mesa para esta noche.
  ¿Hay una mesa en la terraza?

- Order a meal.

  ¡Oiga camarero! Tráiganos la carta, por favor.
  De primer plato, la tortilla española.
  ¿Qué recomienda de segundo plato?
  ¿Qué hay de postre?
  Para ella, el flan. Para mí, helado.

- Comment on food.

  Los calamares están riquísimos. La salsa está picante. El gazpacho está delicioso.

- Make complaints in a restaurant.

  Falta un postre. Este plato está sucio. La piña está mala. No pedí melón, pedí uvas.

- Say that you feel ill and explain symptoms.

  Estoy resfriado. Tengo fiebre. Tengo dolor de cabeza.
  Me he roto la pierna. Tengo la rodilla hinchada.

- Ask for advice and medicine at a pharmacy.

  Mi amigo tiene una insolación y le duele la cabeza.
  Le aconsejo que no tome más el sol y que beba mucha agua.

- Understand dosage for medicines.

  Tome dos pastillas tres veces al día.

- Make an appointment to see a doctor.

  ¿Puede darme hora para ver al médico?
  ¿Puede ser hoy?

- Describe symptoms to a doctor.

  Me duele el estómago. He vomitado cinco veces y tengo diarrea.

- Ask for clothes to be dry-cleaned or repaired.

  ¿Me puede limpiar esta falda? La cremallera está rota. ¿Es posible ponerle otra? ¿Puedo recogerla mañana por la mañana?

- Give opinions about health and social issues.

  El cigarrillo es dañino para la salud.
  Odio el olor. No saldría con un chico que fumara.
  Si la gente quiere fumar, debe hacerlo en un lugar donde el humo no moleste a los demás.

- Make travel reservations, checking arrival and departure times.

  Quisiera comprar un billete de avión para Madrid, de ida y vuelta, en clase turista.
  ¿A qué hora sale el vuelo? ¿A qué hora llega a Madrid?

- Ask about discounts and special deals.

  ¿Hay descuentos o tarifas especiales para jóvenes?

- Express gratitude, appreciation and say goodbye.

  Lo he pasado muy bien. Gracias por todo. Ha sido fantástico conocerte. Adiós. ¡Buen viaje!

# Sección de repaso

## 1 Me presento

**1a** Lee la carta de Nuria y marca si las frases siguientes son verdaderas o falsas.

1. Se parece a su padre.
2. Los padres de Nuria están divorciados.
3. Son cinco en su familia.
4. La abuela de Nuria vive en la misma casa.
5. Tienen un perro.
6. Sus hermanas son mayores que ella.
7. El bebé tiene doce meses.
8. La madre de Nuria es enfermera.
9. No se lleva mal con su familia.
10. La mujer de su padre se llama Conchita.
11. No tiene hermanastros.
12. Discute mucho con su hermanastra.

**1b** Corrige las frases incorrectas.

Madrid, el 24 de enero

Queridos amigos:

¿Qué tal? Me llamo Nuria Sánchez Gracia. Soy española y tengo 16 años. Soy alta y delgada. Tengo el pelo largo y castaño y los ojos verdes. Mis amigos dicen que soy simpática y divertida pero mi madre dice que soy perezosa. Me parezco a mi madre, tengo los mismos ojos pero tengo el carácter de mi padre.

Mis padres están divorciados. Mi familia es bastante grande. Somos siete en mi familia: mi madre, mi padrastro, mis dos hermanas mayores, mi hermanito pequeño que sólo tiene un año, mi abuela que vive con nosotros y yo. Tenemos una gata blanca muy bonita que se llama Nieves. Mi madre se llama Conchita y tiene un puesto administrativo en un hospital. Mi padrastro es ingeniero. Mis dos hermanas son estudiantes en la universidad.

Mis padres me dan bastante libertad. Nos respetamos los unos a los otros.

Mi padre vive en Barcelona con su mujer. Tengo una hermanastra que tiene 10 años. No me llevo bien con mi hermanastra, es muy antipática y discutimos mucho.

Nada más por ahora, escríbeme pronto.

Un saludo,
Nuria

**2** Haz las siguientes preguntas a tu compañero/a:

- ¿Cómo te llamas?
- ¿Cuántos años tienes?
- ¿Qué nacionalidad tienes?
- ¿Cómo eres?
- ¿Cuántos sois en tu familia?

- ¿Cuántos hermanos tienes?
- Describe a tu madre / padre / hermano/a/s.
- ¿En qué trabaja tu madre / padre?
- ¿Te llevas bien con tu familia?
- ¿Tienes animales en casa?

 **3** Escucha la cinta. ¿Cómo es la familia de Nuria?

 **4** Pregunta a tus compañeros/as:

> ¿A quién te pareces en tu familia?

> Me parezco a mi madre. Tenemos los mismos ojos. Pero tengo el carácter de mi padre.

**5** ¿Te llevas bien con tu familia? Adapta las frases para que se apliquen a ti.

**1** Me llevo bien / mal con mis padres.
**2** Mis padres me tratan como a un adulto / niño.
**3** Mis padres (no) son estrictos.
**4** Mis padres (no) me dan bastante libertad.
**5** Mi familia (no) me respeta.
**6** Mis padres (no) me regañan.
**7** Mis padres (no) me castigan por cualquier cosa.
**8** Discutimos mucho / No discutimos nunca en casa.
**9** Me peleo / No me peleo con mi(s) hermano/a(s).
**10** Me molesta(n) / No me molesta(n) mi(s) hermano/a(s).

**6** Contesta la carta de Nuria describiéndote a ti y a tu familia.

# ② ¿Cómo es tu casa?

**1**

**Ultimos** chalets adosados en La Flecha. Residencial Rio Miño. Calle Rodastrillo. Llave mano, más de 200 m2 útiles, salón, cocina, 3-4 dormitorios, 3 baños, buhardilla, 2 plazas garaje, bodega, jardín privado. Materiales primera calidad, mármol, tarimas, gas natural, maderas, etc. Precio: 18.500.000 Ptas. Facilidades pago a convenir. 222369-611366.

**2**
**Agencia** Punto. Chalet alto estanding, Parquesol urbanización San Cristóbal, 300 m2, cuatro dormitorios, tres baños, salón-comedor, bodega, garaje, dos coches, trastero, bajo-cubierta. 378152.

**3**
**372960.** Vendo chalet Montico, lujo, con piscina, 2 plantas, arreglado

**4** **Casa** rústica restaurada. Puente Duero. Muy buen precio. Telfs. 338589/908-789501.

**5**
**Benidorm.** Levante, alquilo apartamento, vistas mar, soleado, interesante. (94)445.17.93.

**6** **Dicampo.** Laguna, 82 metros, 3 dormitorios, 2 baños, garaje, calefacción gas.

**7** **Dicampo.** Miguel Unamuno (Covaresa) 2 y 3 dormitorios, garaje y trastero, calefacción gas natural.

**8** **Di.Campo.** Residencial Palero, tranquilo, soleado, semicentrico, 2/4/5 dormitorios. Vea planos.

**9** **En el centro** de la Cistérniga pisos de lujo 306932

**10** **Gabilondo,** 3, salón, ascensor. Total: 9.500.000, sin entrada. 342233.

**11** **Gala.** Arco de Ladrillo, 3 dormitorios, exterior, ascensor, próximo al arco 11.500.000. 303144.

**12** **Gala.** Hípica. 3 dormitorios, exterior, ascensor, calefacción carbón, 9.500.000. 303277.

 **1** Lee los anuncios. ¿Cuál sería el piso o la casa ideal para tu familia?

> *La casa ideal para mi familia sería el número 6 porque tiene tres dormitorios y dos cuartos de baño.*

**2** Compara los pisos y las casas con tu compañero/a.

> Lo bueno del piso … es que es más grande que el piso …

> Pero lo malo es que no tiene garaje.

**3a** Escucha la cinta. ¿Cómo son los dormitorios que describen las personas?

**El dormitorio**

- las cortinas
- el armario
- el radiador
- la moqueta
- el espejo
- el lavabo
- la lámpara
- el estéreo
- el ordenador

- la radio
- la estantería
- la cama
- la sábana
- la colcha
- el taburete
- el tocadiscos
- el tocador de discos compactos
- la cómoda

**3b** Mira el dibujo y pregúntale a tu compañero/a lo que hay en el dormitorio.

¿Hay una radio?

Sí. ¿Hay una silla?

**3c** Pregúntale a tu compañero/a lo que hay en su dormitorio.

**4a** Lee lo que dicen unos jóvenes sobre sus dormitorios y contesta las preguntas.

Tengo que compartir mi dormitorio con mi hermano pequeño. Esto me molesta porque quiere jugar mientras yo estoy estudiando.
*Juan Carlos*

Me gusta mi habitación porque es privada. Allí tengo todas mis cosas y puedo leer, escuchar música, lo que quiera, sin que nadie me moleste.
*Paco*

Mi habitación es pequeña pero por lo menos no la tengo que compartir como tienen que hacer mis hermanos. Además da al jardín y es muy tranquila.
*Javier*

Me encantan los colores en mi cuarto. Las paredes son moradas, las cortinas son rojas, las sábanas azules, la alfombra gris y los muebles y la puerta negros. Está decorado con pósters de mis actores y cantantes preferidos. ¡Alucinante!
*Cristina*

Tengo camas litera en mi dormitorio. Son ideales para cuando se queda alguna amiga en casa a pasar la noche.
*Alicia*

**1** ¿A quién le gustan los colores fuertes?
**2** ¿Quién no tiene un dormitorio grande?
**2** ¿Quién tiene espacio para acomodar a otra persona en su habitación?
**4** ¿A quién le gusta estar solo?
**5** ¿Quién no puede estudiar tranquilamente?

**4b** ¿Qué te parece a ti tu dormitorio? Utiliza las frases anteriores como ayuda para escribir lo que piensas.

# ¿Qué te parece?

**1** Escucha la cinta. ¿Qué opinan las personas sobre estos temas?

1 La comida rápida
2 El alcoholismo juvenil
3 La caza
4 El racismo
5 El uniforme del colegio

Ayuntamiento de Madrid
CONTRA EL ALCOHOLISMO JUVENIL

### Para expresar un punto de vista
Me parece que
Pienso que
Creo que
Opino que
Considero que

En mi opinión
A mi parecer
Para mí

(No) Estoy de acuerdo con
(No) Estoy en contra de

### Para expresar un interés
Adoro
Me gusta(n) mucho
Me gusta(n)
No me gusta(n)
No me gusta(n) nada
No me gusta(n) en absoluto
Odio
Detesto

Me interesa
Me fascina
Me aburre

### Para dar un consejo
Se debería
Debería
Deberíamos
Deberían
Se tendría que
Tendríamos que
Tendrían que
Sería mejor

**2a** Lee las opiniones de estos jóvenes. Empareja las
opiniones con los temas apropiados de la lista.

1 El coche y el medio ambiente
2 La monarquía
3 La violencia en el cine
4 La educación privada
5 Las corridas de toros

**A**

*Juan Carlos López Serrano*
En mi opinión Pulp Fiction es una película
desagradable que glorifica la violencia. Debería
estar prohibida. Puede influir en que salga
algún loco imitando los actos de violencia.

**B**

**Paco Guzmán Hoyos**
Yo no creo que los toros sea un
deporte cruel. A mi parecer el toro
tiene las mismas oportunidades para
matar al torero que tiene el torero para
matar al animal. Han habido muchos
casos en que ha muerto el torero por
alguna cornada. Es el deporte nacional
y tiene una larga historia y tradición.
Prohibirlo sería una estupidez.

**C**

*Paloma Campillo*
La cultura del coche está
destrozando al medio ambiente.
El gobierno debe dejar de
construir tantas autopistas y
concentrarse en mejorar los
medios de transporte público.
Es hora de dejar el coche en
casa.

**D**

**Susana Cadaval Cervera**
A mí me parece que la monarquía
es un símbolo importante para
España. El rey Juan Carlos apoya
la democracia activamente y ha
prevenido un retorno a la
dictadura. Es un gran hombre que
une al país. Además, me gusta
mucho la informalidad de la
Familia Real española y su falta de
ceremonia. ¿Tú qué opinas de la
monarquía de tu país?

**E**

**Maribel Molina Gutiérrez**
Yo creo que deberían abolir todos los
colegios privados. Todo el mundo debe
recibir la mejor educación que pueda
ofrecer el estado. No hay derecho a que
algunos sean privilegiados por el simple
hecho de que sus padres tengan más
dinero que los demás.

## GRAMÁTICA

Sea is the present subjunctive of ser. It is used
after negative opinions.
No creo que los toros sea un deporte cruel.

*¿Quieres saber más?*
Mira la página 107.

**2b** ¿Estás de acuerdo con las opiniones
de los jóvenes? Trabaja con tu
compañero/a. Discute si estáis de
acuerdo o no con los jóvenes.

> No estoy de acuerdo con Paco. Yo creo
> que los toros es un deporte muy cruel.
> No creo que la cultura y la tradición
> tengan nada que ver con los derechos
> del animal.

**2c** Mira la lista de temas. Escribe unas frases para
cada tema, dando tu opinión al respecto.

# 4 ¿Qué hay para los jóvenes?

**1** Escucha la cinta y escribe las letras de los dibujos en el orden en que se mencionan.

A   B   C   D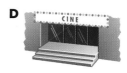

E   F   G   H

**2** Empareja las dos partes correctas de cada frase.

**1** Hay una pista de hielo donde puedes ...
**2** Si te gustan las películas puedes ...
**3** Hay un polideportivo donde se puede ...
**4** Si te gusta ir de compras puedes ir ...
**5** Hay un teatro donde ponen ...
**6** Hay una piscina donde puedes ...
**7** Si te gusta bailar puedes ir ...
**8** Hay un parque donde puedes ...

**a** pasear.
**b** a la discoteca.
**c** ir al cine.
**d** patinar.
**e** jugar al fútbol, al baloncesto y al voleibol.
**f** obras de teatro, ballet, conciertos de música clásica y de música pop.
**g** nadar.
**h** al centro comercial.

**3** Trabaja con tu compañero/a. Por turnos, di qué actividades pueden hacer los jóvenes. Apunta la letra del dibujo apropiado para cada actividad que menciona tu compañero/a.

**4** Lee las descripciones y escribe sobre cuatro actividades que puedes hacer en cada lugar.

VIVO EN BILBAO. Es una ciudad grande e industrial que está en el norte de España. Tiene muchas instalaciones y actividades para jóvenes. Hay, por ejemplo, polideportivos y piscinas. Hay cines, discotecas, cafeterías y tiendas. En las afueras de la ciudad hay clubs de tenis y de golf, pero son bastante caros.

Si te interesa la cultura, la ciudad tiene teatros, salas de conciertos y galerías de arte. Hace poco se ha renovado un barrio del puerto y se ha construido allí un museo de arte moderno. Se llama el Guggenheim. Vale la pena visitarlo.

Hay un metro en Bilbao. Es nuevo y moderno. Ahora, si quiero ir al centro, cojo el metro o un autobús.

VIVO EN UN PUEBLO BASTANTE PEQUEÑO. Se llama Sepúlveda. Está cerca de Segovia. El pueblo no tiene ni cine ni piscina, pero tiene una cancha de fútbol y hay un río donde puedes nadar y pescar. Puedes ir de excursión al campo en bicicleta o a pie y no hay mucho tráfico.

En el verano hay fiestas en el pueblo. Hay verbenas y todo el mundo se reúne para charlar, bailar y pasarlo bien. ¡No se acuesta uno hasta la madrugada!

**5** Escribe sobre las actividades que pueden hacer los jóvenes en tu ciudad o barrio.

| Vivo en | un barrio<br>el campo<br>una ciudad<br>un pueblo<br>una región | bonito/a<br>histórico/a<br>industrial<br>moderno/a<br>montañoso/a<br>tranquilo/a<br>turístico/a |
|---|---|---|
| Está en el | centro<br>este<br>norte<br>oeste<br>sur | |
| Hay<br>Tiene | un bosque<br>una cafetería<br>un castillo<br>una catedral<br>un centro comercial<br>un cine<br>una iglesia<br>un lago<br>un museo de arte<br>una oficina de turismo<br>un parque<br>una pista de hielo<br>un puente<br>un restaurante<br>un teatro | |

**6** Diseña el plano de un nuevo centro de ocio para tu ciudad o barrio. Prepara un discurso para dar a la clase explicando las instalaciones y lo que se puede hacer en el centro.

# ⑤ ¿Qué te gusta hacer en tu tiempo libre?

 **1** Escucha la cinta y escribe los pasatiempos que menciona cada persona.

el ajedrez

escuchar música

ir de compras

nadar / practicar la natación

el atletismo

la fotografía / sacar fotos

jugar con el ordenador

salir con amigos

el billar / jugar al billar

el fútbol / jugar al fútbol

leer / la lectura

tocar el piano / la guitarra

el ciclismo

andar en monopatín

patinar

ver la televisión

**2** Elige diez pasatiempos de la lista y escribe tus opiniones sobre ellos.

Me gusta escuchar música porque me encanta la música.

No me gusta ir de compras porque es aburrido.

**3** Trabaja con tu compañero/a. Por turnos pregunta y contesta si le gustan o no le gustan los pasatiempos en los dibujos y por qué.

**4** Trabaja con tu compañero/a. Invítale a salir al cine o a otro lugar.

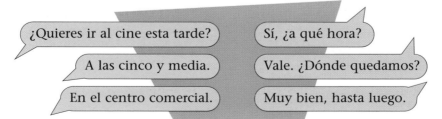

¿Quieres ir al cine esta tarde?

Sí, ¿a qué hora?

A las cinco y media.

Vale. ¿Dónde quedamos?

En el centro comercial.

Muy bien, hasta luego.

**5a** Lee la carta, luego trabaja con tu compañero/a. Haz y contesta las siguientes preguntas. Tu compañero/a debe contestar como si fuera Víctor.

**1** ¿Qué te gusta hacer cuando estás en casa?
**2** ¿Qué tipo de películas o series de televisión te gusta?
**3** ¿Qué tipo de música prefieres?
**4** ¿Qué sueles hacer los fines de semana?
**5** ¿Qué deportes practicas?
**6** ¿Qué coleccionabas cuando eras pequeño?
**7** ¿Qué haces cuando sales con tus amigos?
**8** ¿Qué quieres hacer en el futuro?

Estimado Phil:

¡Hola! ¿Cómo estás? Espero que todo te vaya bien.

En tu carta me preguntaste qué suelo hacer en mi tiempo libre. Pues en mis ratos libres, cuando estoy en casa y no tengo deberes o tareas, me gusta ver la televisión. Prefiero las series cómicas, las de ciencia-ficción y las policíacas. Mi programa preferido es *Amigos*. También me gusta escuchar música. Me gusta todo tipo de música, desde la música bailable hasta el rock. Mis grupos favoritos del momento son *Héroes del Silencio* y *The Prodigy*. Estoy aprendiendo a tocar la guitarra eléctrica. ¡Tengo que practicar cuando no hay nadie en casa!

Me encanta el fútbol y soy aficionado del Barcelona F.C. Soy socio del club y suelo ir a ver un partido cada fin de semana. Cuando era pequeño coleccionaba todo lo relacionado con el equipo: pósters, programas de partidos, fotos, lo que fuera.

Practico mucho deporte, sobre todo el fútbol, el baloncesto y la natación. Me encantan también los videojuegos y los ordenadores.

Para mí son muy importantes mi familia y mis amigos. Mi familia porque me apoya mucho y mis amigos porque me hacen reír. Cuando salgo con ellos solemos ir de paseo por ahí o a veces vamos al cine.

En el futuro me gustaría tocar la guitarra en un grupo o ser futbolista profesional. ¡De todas maneras me queda mucho por hacer!

Escríbeme pronto y cuéntame cosas sobre ti y tus pasatiempos preferidos.

abrazos

Víctor

SOCORRO
cómicas – *comedy*
ciencia-ficción – *science fiction*
policíacas – *detective*
socio – *member*
videojuegos – *video games*

**5b** Haz y contesta las mismas preguntas y da tus propias respuestas.

**6** Escribe una carta parecida hablando de lo que te gusta hacer en tus ratos libres.

# 6 La rutina diaria

**1a** Escucha la cinta y lee la tira cómica.

**1** Me despierto a las seis y media.

**2** Duermo un poquito más.

**3** Me levanto a las siete.

**4** Me ducho.

**5** Me peino. Esto es muy importante.

**6** Después me visto.

**7** Tomo el desayuno. Suelo tomar cereales, zumo de fruta y tostadas con mermelada.

**8** Me voy al instituto.

¿Adónde vas? Hoy no tienes que ir a clase.

**1b** Escribe las respuestas a estas preguntas sobre el chico en la tira cómica.

1 ¿A qué hora se despierta?
2 ¿Se levanta en seguida?
3 ¿Qué hace después de levantarse?
4 ¿Se viste antes o después de desayunar?
5 ¿Qué toma para desayunar?
6 ¿A qué hora va al instituto?

## GRAMÁTICA

**Reflexive verbs**

acostarse – to go to bed; me acuesto – I go to bed
afeitarse – to shave; me afeito – I shave
arreglarse – to get ready; me arreglo – I get ready
despertarse – to wake up; me despierto – I wake up
dormirse – to fall asleep; me duermo – I fall asleep
ducharse – to have a shower; me ducho – I have a shower
levantarse – to get up; me levanto – I get up
peinarse – to comb one's hair; me peino – I comb my hair
quitarse la ropa – to get undressed; me quito la ropa – I get undressed
vestirse – to get dressed; me visto – I get dressed

¿Quieres saber más?
Mira la página 116.

**2** Trabaja con tu compañero/a. Haz y contesta preguntas sobre la rutina diaria.

¿A qué hora te levantas?

Me levanto a las seis y media.

¿Qué haces después de levantarte?

Me ducho.

¿Y luego qué haces?

Tomo el desayuno.

¿Qué tomas para desayunar?

Tomo cereales y tostadas.

¿Qué haces después de desayunar?

Me visto.

**3** Lee la carta de una amiga española. Escríbele, contestando sus preguntas y describiendo la rutina diaria en tu casa.

Estimada Kelly:

Gracias por tu carta. Me preguntaste sobre la vida diaria aquí. Pues de lunes a viernes, cuando tenemos que ir a clase, nos levantamos temprano, a eso de las 6.30. Me ducho y después tomo el desayuno. Luego me visto y me arreglo para ir al instituto. Vuelvo a casa entre las dos y media y las tres para comer. La comida es a las 3. Comemos juntos toda la familia. Después descansamos un rato. Por la tarde voy a clases de inglés y francés. Vuelvo a casa y hago los deberes o veo la televisión. Cenamos a las nueve y me acuesto a las diez y media.

¿Es muy diferente en tu casa? ¿A qué hora os levantáis? ¿Volvéis a casa a comer a mediodía? ¿Qué hacéis por la tarde? ¿Cenáis más temprano que en España, ¿verdad? ¿A qué hora te acuestas?

Escríbeme pronto,
abrazos
Estrella

▶ 37–42 ◀

# 7 Los quehaceres de la casa

**1** Escucha la cinta. Unos jóvenes preguntan si pueden ayudar en casa. ¿Qué pueden hacer para ayudar? Mira los dibujos y escribe las letras de los quehaceres que corresponden a cada caso.

**A** arreglar mi dormitorio

**B** hacer las camas

**C** pasar la aspiradora

**D** cortar el césped

**E** hacer las compras

**F** planchar

**G** fregar los platos

**H** lavar el coche

**I** poner / quitar la mesa

**J** fregar el suelo

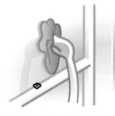

**K** limpiar los cristales

**L** sacar la basura

**M** hacer de canguro

**N** limpiar el polvo

**2** Pregunta a tu compañero/a cómo ayuda en casa.

¿Ayudas en casa?

Sí, pongo y quito la mesa y corto el césped.

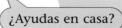

**3** Lee las quejas de estos jóvenes.

**a** ¿Quiénes piensas que tienen razón? ¿Por qué?
**b** ¿Tienes quejas parecidas? ¿Cuáles son tus quejas?

**1**
Tengo que hacer la cama todos los días antes de ir al instituto. A veces llego tarde a clase por hacerlo.

**2**
Mi madre y yo siempre tenemos que fregar los platos después de cenar mientras que mi padre y mi hermano ven la tele. ¡No es justo!

**3**
Cada vez que mi hermano lava el coche mi madre le paga mientras que cuando yo ayudo en casa no me da nada.

**4**
El domingo pasado tuve que cortar el césped mientras mi padre veía el fútbol.

**5**
Mi madre siempre está detrás de mí para que arregle mi dormitorio. Es mi cuarto y puedo tenerlo como me de la gana.

**6**
Comparto mi dormitorio con mi hermana menor. Me gusta tener las cosas en su sitio porque soy una persona organizada, mientras que mi hermana deja sus cosas por todas partes. Estoy harta.

**7**
Porque soy el mayor siempre tengo que ayudar en casa mientras que mis hermanos juegan. Odio las tareas domésticas. ¡No hay derecho!

**4** Escucha la cinta. ¿Cuánto dinero reciben estos jóvenes por ayudar en casa? ¿Qué tienen que hacer? ¿En qué se lo gastan?

**5** Pregunta a tus compañeros/as.

¿Cuánto dinero te dan tus padres?

Me dan 10 libras por semana.

¿Te dan dinero por ayudar en casa? ¿Cuánto?

Me dan cinco libras por lavar el coche.

¿En qué te gastas el dinero?

Me lo gasto en discos compactos y en salir con los amigos.

**Socorro**

el dinero – *money*
gastar – *to spend*
el bonobús – *bus pass*
los caramelos – *sweets*
la comida – *food*
los cosméticos – *cosmetics*
los discos compactos – *compact discs*
el equipo deportivo – *sports equipment*
los juegos de ordenador – *computer games*
los libros – *books*
las revistas – *magazines*
la ropa – *clothes*
salir con los amigos – *to go out with friends*
los videojuegos – *video games*

# 8 Un perfume para mi madre

**1a** Escucha y lee. Pon las frases en el orden correcto.

**A**
– Tenemos varios. Quizás le guste éste.
– Éste no me gusta mucho. ¿Puede enseñarme otro?

**B**
– ¡Caray! El grande es demasiado caro. Me llevo el mediano.

**F**
– ¿Cuánto cuesta?
– El grande cuesta diez mil pesetas. El mediano cuesta cinco mil quinientas y el pequeño vale tres mil ochocientas pesetas.

**C**
– Hola. Buenos días. ¿Le puedo ayudar?
– Quiero comprar un regalo para mi madre.

**D**
– Cómo no. Tal vez prefiere éste.
– Mmm. ¡Qué bien huele! ...Éste me gusta más.

**E**
– ¿Quiere un perfume, gel de baño o de ducha, jabón, colonia ...?
– Un perfume.

## acuérdate

el gel de baño – **bath foam**
el jabón – **soap**
tal vez, quizás – **perhaps**
cómo no – **of course**
el mediano – **the medium–sized one**

**1b** Trabaja con tu compañero/a.
Lee el diálogo en el orden correcto.

**2** Trabaja con tu compañero/a. Por turnos haz los papeles de un cliente y un dependiente y pide una de las cosas en los dibujos para tu madre, padre, hermano, hermana, u otra persona.

un perfume          gel de baño          gel de ducha          colonia          jabón

**3** Elige las palabras apropiadas para completar cada frase.

**Voy a comprar:**

**1** un disco compacto para mi abuelo porque ...

**2** un póster del equipo Barcelona F.C. para mi abuela porque ...

**3** una muñeca con traje regional para mi hermana porque ...

**4** para mi padre un toro, un burro o un sombrero grande porque ...

**5** un perfume para mi madre porque ...

**6** ¿y para mi hermano gel de baño o jabón ...

**a** las colecciona.          **d** son divertidos.
**b** le encanta el fútbol.     **e** la quiero mucho.
**c** porque huele mal!         **f** le gusta la música.

**4** Escribe una lista de regalos para tu familia y amigos.

**5** Trabaja con tu compañero/a. Elige cuatro frases de la lista para decirle a tu compañero/a. Responde a las frases de tu compañero/a con una exclamación apropiada de la lista 'socorro'.

- Hay una mosca en mi bocadillo.
- Me duele mucho la cabeza.
- Saqué buenas notas en los exámenes.
- Mi padre acaba de comprar un coche nuevo.
- Se murió mi hámster.
- ¿Sabes que mañana tenemos un test de matemáticas?
- Las entradas para el concierto costaron diez mil pesetas.
- Acabo de cortarme el pelo.

**socorro**

¡que aproveche! – *enjoy your meal!*
¡qué asco! – *how revolting!*
¡qué bien! – *great!*
¡caray! ¡caramba! – *gosh! heavens!*
¡cuidado! – *be careful!*
¡qué horror! – *how dreadful!*
¡qué lástima! ¡qué pena! – *what a pity!*
¡qué raro! – *how strange!*
¡salud! – *cheers! good health!*
¡socorro! – *help!*
¡qué va! – *no way!*
¡enhorabuena! – *congratulations*

# 9 Los horarios de trenes

Mique Beltrán *Marco Antonio* 3

**1** Escucha y lee. Luego contesta las preguntas.

1 ¿Esta señora trabaja en el aeropuerto o en la estación de trenes?
2 ¿El chico quiere hacer una reserva o quiere saber los horarios?
3 ¿A qué hora salen los trenes de Madrid a Barcelona?
4 ¿Cuánto tarda en llegar a Barcelona el tren que sale a las 09.00?
5 ¿Cuántas paradas hay en el recorrido?
6 ¿Qué pasaría si el chico quisiera coger un tren a las 10.00 en punto?
7 ¿Por qué crees que llama el chico a la información de Renfe?

**2** Imagina que quieres ir de Madrid a Málaga en tren. Vas a llamar a la información de Renfe para pedir los horarios de trenes. Escribe el diálogo que tendrías con la persona de información.

**3** Trabaja con tu compañero/a. Lee los horarios de trenes y por turnos haz los papeles de un pasajero que quiere saber los horarios de los trenes y la empleada de Renfe.

## HORARIOS

### MADRID Puerta de Atocha / MALAGA

| | LLANO | VALLE | PUNTA | LLANO | VALLE |
|---|---|---|---|---|---|
| NUMERO DE TREN | 9120 | 9126 | 9130 | 9136 | 9140 |
| OBSERVACIONES | | | (1) | | |
| DIAS DE CIRCULACION | LMXJVSD | LMXJVS• | LMXJVSD | LMXJVSD | ••••V•D |
| **MADRID** Puerta de Atocha | 10:05 | 13:00 | 15:00 | 18:30 | 20:40 |
| CIUDAD REAL | 11:06 | 14:01 | - | 19:30 | - |
| PUERTOLLANO | 11:23 | 14:18 | - | 19:46 | - |
| CORDOBA | 12:16 | 15:06 | 17:04 | 20:36 | - |
| MONTILLA (*) | 12:49 | - | - | 21:18 | - |
| PUENTE GENIL (*) | 13:12 | - | - | 21:38 | - |
| BOBADILLA (*) | 13:41 | 16:39 | 18:30 | 22:08 | - |
| **MALAGA** | 14:30 | 17:25 | 19:20 | 23:00 | 00:35 |
| TORREMOLINOS | - | - | 20:01 | 23:31 | - |
| FUENGIROLA | - | - | 20:25 | 23:45 | - |

### MALAGA / MADRID Puerta de Atocha

| | VALLE | LLANO | LLANO | PUNTA | LLANO | VALLE |
|---|---|---|---|---|---|---|
| NUMERO DE TREN | 9113 | 9119 | 9127 | 9131 | 9139 | 9143 |
| OBSERVACIONES | | | | | | |
| DIAS DE CIRCULACION | LMXJV•• | LMXJVSD | ••••••D | LMXJVSD | LMXJVSD | ••••V•D |
| FUENGIROLA | - | 08:30 | - | - | - | - |
| TORREMOLINOS | - | 08:48 | - | - | - | - |
| **MALAGA** | 06:35 | 09:30 | 12:55 | 15:40 | 19:25 | 21:05 |
| BOBADILLA | 07:22 | 10:16 | 13:41 | 16:23 | 20:09 | - |
| PUENTE GENIL | 07:50 | 10:44 | - | - | 20:38 | - |
| MONTILLA | 08:11 | 11:05 | - | - | 20:56 | - |
| CORDOBA | 08:49 | 11:46 | 15:08 | 17:44 | 21:46 | - |
| PUERTOLLANO | - | 12:35 | - | - | 22:34 | - |
| CIUDAD REAL | - | 12:52 | - | - | 22:51 | - |
| **MADRID** Puerta de Atocha | 10:50 | 13:55 | 17:10 | 19:40 | 23:50 | 01:10 |

## PRECIOS

A continuación figuran los precios, por clase y tren:

| CLASE | TURISTA | | | PREFERENTE | | |
|---|---|---|---|---|---|---|
| Calificación del tren | VALLE | LLANO | PUNTA | VALLE | LLANO | PUNTA |
| MADRID-FUENGIROLA | 7.100 | 8.000 | 8.300 | 10.400 | 11.400 | 11.900 |
| MADRID-TORREMOLINOS | 7.000 | 7.900 | 8.200 | 10.200 | 11.200 | 11.600 |
| MADRID-MALAGA | 6.800 | 7.700 | 8.000 | 10.000 | 11.000 | 11.400 |
| MADRID-BOBADILLA | 6.100 | 7.000 | 7.200 | 9.000 | 10.000 | 10.300 |
| MADRID-PUENTE GENIL | 5.600 | 6.500 | 6.700 | 8.300 | 9.300 | 9.600 |
| MADRID-MONTILLA | 5.300 | 6.200 | 6.400 | 7.900 | 8.900 | 9.200 |
| MADRID-CORDOBA | 4.800 | 5.600 | 5.800 | 7.200 | 8.200 | 8.400 |
| MADRID-PUERTOLLANO | 3.500 | 4.100 | 4.200 | 5.200 | 6.000 | 6.100 |
| MADRID-CIUDAD REAL | 2.500 | 3.000 | 3.100 | 3.800 | 4.400 | 4.400 |

**4** Trabaja con tu compañero/a. Lee el diálogo. Haz los papeles de un pasajero y el empleado de Renfe. Compra un billete para un viaje en tren desde Madrid a uno de los destinos en la lista de precios.

– Quiero un billete para ir de Madrid a Córdoba.
– *¿Cuándo quiere ir?*
– El sábado a las diez y cinco de la mañana.
– *¿Quiere un billete sencillo o de ida y vuelta?*
– De ida y vuelta.
– *¿Cuándo va a volver?*
– El viernes de la semana que viene.
– *¿Quiere ir en clase turista o preferente?*
– Clase turista.
– *Entonces vale 5.600 pesetas.*

# 10 ¿Quién eres?

**1** Escucha la cinta y mira las fotos. ¿En qué orden se mencionan las personas?

**A**

Es joven, es de Puerto Rico y es cantante. *Ricky Martín* no es ni alto ni bajo, pero es muy atractivo y acaba de conquistar el corazón de las jovencitas y los primeros puestos en las listas de ventas. Canta en inglés y en español y la mayoría de sus canciones son románticas. Sin embargo, ha sido una canción más rápida y bailable, *María*, la que le ha proporcionado más éxito recientemente. Ésa que dice: «*Un, dos, tres, un pasito pa'lante María. Un, dos, tres, un pasito pa'tras.*»

**B**

*Alex Crivillé* es español. Es de un pueblo que se llama Seva, cerca de Barcelona. Tiene cuatro hermanos y es el más pequeño de la familia. Crivillé es piloto de motos. Es valiente y muy decidido. Su meta es ser campeón del mundo de 500 centímetros cúbicos.

**C**

*Salma Hayek* era famosa en México como actriz de telenovelas. Luego se fue a Estados Unidos porque quería ser actriz de cine. Fue duro al principio porque no tenía experiencia en hacer películas y porque no hablaba bien inglés. Ahora Salma es una de las actrices latinas más conocidas de Hollywood, no solamente porque es guapa y morena sino porque es una actriz buena e inteligente.

**2a** Trabaja con tu compañero/a. Por turnos haz y contesta las siguientes preguntas sobre las personas famosas en las fotos.

- ¿Quién es?
- ¿De dónde es?
- ¿Qué nacionalidad tiene?
- ¿Cuál es su profesión?
- ¿Cómo es?

**GRAMÁTICA**

There are two verbs which mean to be in Spanish: ser and estar. Ser is used to describe things that are permanent and is used with time. Estar is for more temporary things and to describe position.

**¿Quieres saber más?**
Mira la página 114.

**2b** Trabaja con tu compañero/a. Por turnos haz las preguntas de la actividad 2a y da tus propias respuestas.

- ¿Quién eres?
- ¿De dónde eres?
- ¿Qué nacionalidad tienes?
- ¿Cómo eres?

**3** Lee el anuncio y contesta las preguntas.

1 ¿Dónde es el espectáculo de danza de Joaquín Cortés?
2 ¿Qué día y fecha es el espectáculo?
3 ¿A qué hora es?
4 ¿Cuál es el metro más cercano?
5 ¿Cuánto son las entradas?

**DANZA**

Joaquín Cortés se enfrenta a un espectáculo de proporciones inéditas.

JOAQUÍN CORTÉS *Juev.* 18 21.30 h. Plaza de Toros de Las Ventas (metro Ventas). 5.000 (numeradas en el ruedo). 4.000 y 3.500 y 2.000 pts. (sin numerar). A la venta en El Corte Inglés.

**Como una estrella del rock**
*Joaquín Cortés lleva su popularidad a lo más alto actuando en Las Ventas*

# ¿Cómo estás?

**4a** Escucha y lee. ¿Qué tal le iría este test a la persona que contesta las preguntas en la cinta?

## UN TEST ¿Sabes quedar bien?

> ¡Hola! ¿Qué tal estás?

> Estoy fatal. Estoy cansado, resfriado, deprimido ...

**1** ¿Qué contestas cuando alguien te pregunta cómo estás?

**a** Estoy muy bien gracias, ¿y tú?
**b** Estoy bien.
**c** Estoy mal, muy mal.

**2** ¿Qué dices cuando te preguntan si quieres más?

**a** No puedo comer más, gracias.
**b** No. Estoy llenísimo.
**c** Está muy rica pero no puedo más.

> ¿Me quedan bien estos zapatos?

> ¡Qué horror!

**3** ¿Cómo reaccionas cuando un amigo o una amiga lleva algo raro?

**a** Están muy de moda estos zapatos.
**b** ¿Estás loca? Con estos zapatos te vas a caer y vas a romperte una pierna.
**c** Los zapatos te quedan muy bien.

> ¿Está buena el agua?

**4** Unos amigos te invitan a nadar en su piscina pero el agua está helada. ¿Qué dices?

**a** ¡Dios mío! El agua está helada.
**b** Sí, sí, está fresca el agua pero está buena.
**c** Está un poco fría.

> Y luego fuimos a ver ...¿estás aburrido?

**5** Un amigo te enseña el vídeo de sus vacaciones. Es muy aburrido y estás a punto de dormirte...

**a** ¿Aburrido? ¡Qué va! No estoy aburrido en absoluto. El vídeo es fascinante.
**b** ¡Caray! ¡Qué sueño tengo! Estaba a punto de dormirme.
**c** No, no estoy aburrido.

## Análisis

**De doce a quince**
Eres tan diplomático que a veces la gente no sabe lo que realmente piensas.

**De ocho a once**
Eres una persona honesta y sincera. Te llevas bien con los demás.

**De cinco a siete**
Metes la pata a veces.

**De cero a cuatro**
Metes la pata siempre.

## RESULTADO

**1** a – tres   **b** – dos   **c** – cero.
**2** a – dos   **b** – cero   **c** – tres.
**3** a – uno   **b** – cero   **c** – tres.
**4** a – cero   **b** – tres   **c** – dos.
**5** a – tres   **b** – cero   **c** – dos.

**socorro**

quedar bien – *to make a good impression*
llevarse bien – *to get on well*
meter la pata – *to put your foot in it*

**4b** Trabaja con tu compañero/a. Por turnos haz y contesta las preguntas del test.

# Hay que pensar en el futuro

**1** Escucha y lee. Luego contesta las preguntas.

**Gema**

– ¿Tienes exámenes al final de este año, Gema?
– Sí. Tengo exámenes este año.
– ¿Qué vas a hacer después de los exámenes?
– ¡Descansar!
– ¿Y luego?
– Quiero continuar mis estudios.
– ¿Cuántos años te quedan en el instituto?
– Me quedan dos años.
– ¿Qué piensas hacer después?
– Pues si apruebo los exámenes iré a la universidad.
– ¿Qué quieres estudiar en la universidad?
– Quiero estudiar ingeniería civil.
– Hay pocas mujeres que eligen esta carrera, ¿verdad?
– Hay cada vez más. Sé que es una profesión bastante dura
  para una mujer, pero me interesa mucho.
– ¿Qué crees que es lo más importante a la hora de buscar un
  trabajo en ingeniería?
– Tener buenas notas.
– Buena suerte. Espero que todo te vaya bien.
– Gracias.

**Juan Antonio**

– Hola, me llamo Juan Antonio.
– Hola, Juan Antonio. ¿Qué piensas hacer en el futuro?
– Me quedan dos años en el instituto y luego tengo que
  hacer el servicio militar.
– ¿Y después del servicio militar quieres seguir estudiando?
– No, quiero encontrar un empleo.
– ¿En qué quieres trabajar?
– Me gustaría hacer algo relacionado con la informática
  porque me interesan mucho los ordenadores.
– ¿Hay muchos empleos en este tipo de trabajo?
– Sí, hay bastante pero hay mucha competencia.
– ¿Pagan bien?
– Bueno, hay que pensar en el futuro. Al principio no me
  importa si pagan bien o mal. Lo importante es
  conseguir experiencia y luego puedes empezar a pensar
  en lo demás.
– ¿Hay cursos de informática que puedes hacer?
– Sí, pero hay que elegir bien para no perder ni el tiempo
  ni el dinero.
– ¿Qué es lo más importante para los jóvenes a la hora
  de buscar un empleo?
– Creo que lo más importante es estar bien preparado.

**Gema**

**1** ¿Qué quiere hacer Gema después de los exámenes?

**2** ¿Cuántos años le quedan en el instituto?

**3** ¿Qué va a hacer cuando termine en el instituto?

**4** ¿Qué quiere estudiar en el futuro?

**Juan Antonio**

**5** ¿Qué va a hacer Juan Antonio cuando termine en el instituto?

**6** ¿Quiere seguir estudiando? ¿Qué quiere hacer?

**7** ¿En qué quiere trabajar?

**8** ¿Juan Antonio cree que es más importante un trabajo que pague bien o conseguir experiencia?

**9** ¿Qué cosas de la lista crees que Gema y Juan Antonio consideran lo más importante?

Lo importante es    **a** aprobar los exámenes e ir a la universidad

**b** seguir estudiando

**c** dejar de estudiar

**d** buscar un empleo

**e** trabajar y ganar dinero

**f** conseguir experiencia

**g** estar bien preparado

**h** elegir una carrera interesante

**i** elegir un curso adecuado

**j** tener buenas notas

**2a** Trabaja con tu compañero/a. Haz y contesta las preguntas de las entrevistas de la actividad 1.

**2b** Después de entrevistar a tu compañero/a, completa las siguientes frases sobre él/ella:

> En el futuro Sharon/Andrew quiere …
> Lo importante para él/ella es …

**3** Escribe un párrafo sobre lo que quieres hacer en el futuro. Completa esta frase para terminar el párrafo:

> Lo importante para mí es …

**4** Lee el resultado de una encuesta sobre el empleo de jóvenes en España. ¿Cuáles de estas frases corresponden a las opiniones en la encuesta?

**a** Encontrar un buen trabajo depende si estás bien preparado o no.

**b** Es importante tener buena apariencia física.

**c** También es importante tener buenas recomendaciones.

**d** A veces encontrar un trabajo o no depende de la buena suerte.

**e** Hay que saber hablar bien.

**DEPENDENCIA DEL EMPLEO**

¿De qué depende, en la actualidad, encontrar un buen trabajo?

50 ▮ De estar bien preparado
28 ▮ De tener buenas recomendaciones
17 ▮ De la buena suerte
3 ▮ De saber hablar bien
2 ▮ De tener buena apariencia física
1 ▮ NS/NC

# 12 Fui de vacaciones

**1** Escucha la cinta y empareja las postales con las personas que hablan.

**A**

Estimada Alicia:
¿Qué tal las vacaciones? Espero
que lo hayas pasado bien. En agosto
fui a Cádiz con mi amiga Teresa y
su familia. Había unas playas
estupendas allí. Nos bañamos en el
mar e hicimos surfing.
Besos
Beatriz

Alicia Iglesias

**B**

¡Hola chicos!
¿Qué tal estáis? Pues yo estoy bien.
En julio fui a Francia con mi familia.
Hicimos camping, montamos en bicicleta
y nadamos en el río. Conocí a una chica
alemana muy simpática. Se llamaba
Renate.
Hasta pronto
Javier

Jorg
c/ V
280
ESP

**2** Escucha la cinta y escribe las letras de los dibujos apropiados.

**A**

Fui a un parque
acuático.

**B**

Fui a la playa.

**C**

Monté a
caballo.

**D**

Me quedé
en casa.

**E**

Saqué muchas
fotos.

**F**

Compré algunos
recuerdos.

**G**

Alquilé una tabla
de windsurf.

**H**

Hice surfing.

**I**

Aprendí a hacer
esquí acuático.

**J**

Me bañé
en el mar.

**C**

Queridos abuelos:
Este verano lo pasé muy bien. Fui
a España por dos semanas. Me
quedé en casa de mi amigo,
Carlos. Fuimos a una fiesta y
vimos una corrida de toros. Comí
paella. Estaba riquísima. Hacía
mucho calor. Lo pasé
estupendamente.
Abrazos
Eduardo

100 PTA
CORREOS ESPAÑA SIE

Sres Gallindo López

**D**

Querido Bob:
Gracias por tu tarjeta. Este
verano no fui de vacaciones.
Me quedé en casa porque mis
tíos y mis primos de Puerto
Rico vinieron a visitarnos.
Fuimos a Toledo y también
visitamos Córdoba y Sevilla.
En Sevilla fuimos a un parque
temático estupendo que se
llama Isla Mágica.

Jorge

Bob
7, T
Roy
Her
ING

**E**

tín
130
rid

Querida Laura:
Fui de vacaciones a Escocia este
verano. Fui con unos amigos. Fuimos
en bicicleta y nos quedamos en
albergues juveniles. No hizo buen
tiempo: llovió mucho pero nos
divertimos un montón. ¿Y tú? ¿Fuiste
de vacaciones? Escríbeme y
cuéntame cosas de tus vacaciones.
Besos
Elena

Laura
Calle Mallorca, 41, 2º, 1ª
08575 Sant Cugat
Barcelona
ESPAÑA

**3** Trabaja con tu compañero/a. Haz y contesta las siguientes preguntas.

- ¿Adónde fuiste de vacaciones?
- ¿Cuánto tiempo pasaste allí?
- ¿Con quién fuiste?
- ¿Dónde te quedaste?
- ¿Qué hiciste durante tus vacaciones?

- ¿Qué lugares interesantes visitaste?
- ¿Qué comiste?
- ¿Qué compraste?
- ¿Qué tal lo pasaste?

**4** Escribe un párrafo sobre unas vacaciones verdaderas o imaginarias.

▶ 43–48 ◀

# Resumen de gramática - Grammar summary

## NOUNS, ADJECTIVES, ARTICLES

Nouns in Spanish are either masculine or feminine. Adjectives agree with the nouns they describe and so do the words for 'the', 'a' and 'some' (definite and indefinite articles).

*masculine*

| *definite article* | *noun* | *adjective* | |
|---|---|---|---|
| el | correo | electrónico | (e-mail) |
| los | calcetines | rojos | (red socks) |

| *indefinite article* | *noun* | *adjective* | |
|---|---|---|---|
| un | gol | estupendo | (a brilliant goal) |
| unos | jugadores | fenomenales | (some terrific players) |

*feminine*

| *definite article* | *noun* | *adjective* | |
|---|---|---|---|
| la | liga | española | (Spanish league) |
| las | libras | esterlinas | (pounds sterling) |

| *indefinite article* | *noun* | *adjective* | |
|---|---|---|---|
| una | carta | larga | (a long letter) |
| unas | monedas | pequeñas | (some small coins) |

Add an 's' to make words plural in most cases: amigo, amigos; carta, cartas.

Words that end in a consonant, add 'es' to make the plural:

ordenador (computer)    ordenadores (computers)

Some words gain or lose an accent in the plural:

joven (young person)    jóvenes (young people)

jardín (garden)    jardines (gardens)

Words ending in 'z' in the singular change the 'z' to a 'c' then add 'es' for the plural:

lápiz (pencil)    lápices (pencils)

Compound nouns are made up of two words put together. They are masculine and do not change to become plural:

el abrelatas (tin opener)    los abrelatas (tin openers)

Adjectives follow the same rules as nouns for masculine, feminine and plural forms:

| *m. and f. singular* | *m. and f. plural* |
|---|---|
| bueno, buena (good) | buenos, buenas |
| tonto, tonta (stupid) | tontos, tontas |
| fácil (easy) | fáciles |
| difícil (difficult) | difíciles |
| interesante (interesting) | interesantes |
| popular (popular) | populares |

*Choose a suitable adjective for each noun. Make the adjectives agree with the nouns. Use the phrases you make as notes to describe a football match for an essay plan:*
el partido, los goles, los jugadores, el árbitro (referee)
aburrido emocionante espléndido bueno excelente malo sensacional tonto

Possessive adjectives also agree with the noun they describe.

Mi (my), tu (your), su (his, her, its, your formal) are the same in masculine and feminine singular forms. They add '-s' for the plural form.

Nuestro(s) (our), vuestro(s) (your, plural informal) become nuestra(s), vuestra(s) before feminine nouns.

| | |
|---|---|
| **Mi** pueblo es pequeño. | My town is small. |
| **Mis** abuelos viven en Escocia. | My grandparents live in Scotland. |
| ¿Cuál es **tu** dirección? | What's your address? |
| **Nuestros** padres son bajos. | Our parents are short. |
| **Vuestras** amigas españolas son muy simpáticas. | Your (vosotros form) Spanish friends are very nice. |
| **Sus** amigas inglesas son muy amables. | Your/Their English friends are very pleasant. |

## Demonstrative adjectives

The words for 'this', 'these', 'that' and 'those' agree with the nouns they describe:

| | *m. singular* | *m. plural* | *f. singular* | *f. plural* |
|---|---|---|---|---|
| this/these | **este** canguro | **estos** calcetines | **esta** chaqueta | **estas** botas |
| that/those | **ese** perfume | **esos** vasos | **esa** mesa | **esas** sillas |
| | **aquel** jabón | **aquellos** platos | **aquella** chica | **aquellas** señoras |

Notice that there are two words for 'that' in Spanish: ese and aquel. Aquel describes something that is further away.

## Comparatives

Use más/menos ... que (more/less ... than) with adjectives to make comparisons:

| | |
|---|---|
| El fútbol es **más** popular **que** el hockey. | Football is more popular than hockey. |
| Hace **menos** calor en invierno **que** en verano. | It is less hot in winter than in summer. |

¡Ojo!

Use más de or menos de with numbers.

| | |
|---|---|
| **Más de** dos mil personas acudieron al concierto. | More than 2000 people went to the concert. |
| **Menos del** 50% de la clase aprobaron el examen. | Less than 50% of the class passed the exam. |

Use tan ... como (as ... as) to make comparisons.

| | |
|---|---|
| El Ben Nevis no es **tan** alto **como** el Mont Blanc. | Ben Nevis is not as high as Mont Blanc. |
| Marcelo Salas es **tan** rápido **como** Faustino Asprilla. | Marcelo Salas is as fast as Faustino Asprilla. |

Some adjectives have irregular comparative forms:

| | |
|---|---|
| bueno (good) | mejor (better) |
| malo (bad) | peor (worse) |

| | |
|---|---|
| Es **mejor** ir en metro **que** en autobús. | It is better to go by metro than by bus. |
| Los discos compactos son **mejores que** las cintas. | CDs are better than tapes. |
| La gripe es **peor que** un resfriado. | Flu is worse than a cold. |
| Los exámenes son **peores que** los deberes. | Exams are worse than homework. |

*Write down six sentences using comparatives. Tick the ones you think your partner will agree with. Show them to your partner and see if you guessed his/her reaction correctly.*

Manchester United es mejor que Norwich City.
Las chicas son más inteligentes que los chicos.
El fútbol es tan aburrido como el golf.

¡Eres más salada que una anchoa en lata!

Tanto ... como means 'as much' or 'as many as'. Tanto, tanta, tantos, tantas, agree with the noun they describe.

| | |
|---|---|
| ¿Hay **tanto** tráfico en Londres **como** en Madrid? | Is there as much traffic in London as in Madrid? |
| No hay **tanta** gente en Bognor **como** en Benidorm. | There are not as many people in Bognor as in Benidorm. |
| No hay **tantas** gambas en mi cóctel **como** en el tuyo. | There are not as many prawns in my cocktail as in yours. |

## Superlatives

Add el, la, los or las to más/menos (or to mejor/peor) to make superlatives:

| | |
|---|---|
| Soy **la más** baja de mi familia. | I am the shortest person in my family. |
| ¿Cuál es **la** ciudad **más** grande del mundo? | Which is the biggest city in the world? |
| Mateo es **el mejor** futbolista de la clase. | Mateo is the best footballer in the class. |
| Acabo de ver **la peor** película del año. | I have just seen the worst film of the year. |

The endings ísimo, ísima, ísimos and ísimas add emphasis to adjectives:

| | |
|---|---|
| Es un jugador buen**ísimo**. | He is a brilliant player. |
| Estas tapas están riqu**ísimas**. | These tapas are delicious. |
| Los programas eran divertid**ísimos**. | The programmes were very funny. |

## PRONOUNS

### Subject pronouns

| | singular | | plural |
|---|---|---|---|
| I | yo | we | nosotros (m) nosotras (f) |
| you | tú (familiar) | you | vosotros (m) vosotras (f) (familiar) |
| he, it | él | they | ellos (m) ellas (f) |
| she, it | ella | | |
| you | usted (polite) | you | ustedes (polite) |

### Direct object pronouns

| | |
|---|---|
| me | me |
| you | te (familiar) |
| he, it, you | lo (polite) |
| she, it, you | la (polite) |
| us | nos |
| you | os (familiar plural) |
| them, those, you | los (m) (polite) |
| them, those, you | las (f) (polite) |

| | |
|---|---|
| **Me** ha picado una avispa. | A wasp has stung me. |
| Estos perfumes son caros. ¿**Los** tiene más baratos? | These perfumes are very expensive. Have you got any cheaper ones? |
| Esta paella está buenísima. ¿Quieres probar**la**? | This paella is very good. Would you like to try it? |

## Indirect object pronouns

These are the same as direct object pronouns except for the third person which is le (singular), les (plural).
**Les** escribí una carta desde España. I wrote them a letter from Spain.

But notice how le and les become se in a sentence with lo/los or la/las.
Le compré una postal pero me olvidé de mandár**se**la. I bought him/her a postcard but I forgot to send it to him/her.

## Demonstrative pronouns

These follow the same pattern as demonstrative adjectives, but they have an accent on the first 'e':
éste, ésta, éstos, éstas - this one, these ones
ése, ésa, ésos, ésas - that one, those ones
aquél, aquélla, aquéllos, aquéllas - that one, those ones

Ese disco es estupendo pero prefiero **éste**.                That record is brilliant but I prefer this one.
Estas gafas de sol son elegantes pero **aquéllas** son geniales.  These sunglasses are smart but those are cool.

## NUMBERS

### Cardinal numbers

The number one and other numbers ending in uno or cientos agree with the noun they describe. Other numbers do not agree.

### Uno
**Uno** becomes **un** before a noun: **un** litro de limonada.

### Cien
**Cien** gramos de jamón serrano
**Ciento** cincuenta gramos de chorizo
**Doscientos** gramos de queso

### Mil
**Mil** novecientos noventa y ocho - 1998
Dos **mil** - 2000

### Ordinal numbers

first      $1^o$ el primero (m) $1^a$ la primera (f)

$1^{o/a}$ primero/a
$2^{o/a}$ segundo/a
$3^{o/a}$ tercero/a
$4^{o/a}$ cuarto/a
$5^{o/a}$ quinto/a
$6^{o/a}$ sexto/a
$7^{o/a}$ séptimo/a
$8^{o/a}$ octavo/a
$9^{o/a}$ noveno/a
$10^{o/a}$ décimo/a

last      el último (m) la última (f)

### Primero
**Primero** becomes **primer** before a masculine noun: el primer piso (the first floor in a block of flats).
**Primera** remains the same: la primera vez. **Tercero** also follows the same pattern.

### Dates
el uno de mayo (May 1st)
el dos de mayo (May 2nd)
el tres de mayo (May 3rd)

## PREPOSITIONS

### Por

Por means for, but it can also mean during, through, along, by, and on behalf of:

| | |
|---|---|
| Llegaré **por** la mañana. | I will arrive in the morning. |
| Vamos a jugar **por** una hora. | We are going to play for an hour. |
| El ladrón entró **por** la ventana. | The thief came in through the window. |
| Sigue todo recto **por** esta calle. | Go straight along this street. |
| Puedes mandarme una carta **por** fax | |
| o me puedes llamar **por** teléfono. | You can send me a letter by fax or telephone me. |
| Íbamos a 40 kilómetros **por** hora. | We were travelling at 40 kilometres per hour. |
| El Guernica fue pintado **por** Picasso. | Guernica was painted by Picasso. |
| Yo sí quiero venir pero no puedo | |
| hablar **por** mis hermanos. | I want to come but I cannot speak for my brothers and sisters. |

### Para

Para means for or in order to. It expresses intention, purpose or destination.

| | |
|---|---|
| Trabajo los fines de semana **para** ganar dinero. | I work at weekends to earn money. |
| El vuelo **para** Londres sale a las 10.30. | The flight to London leaves at 10.30. |
| Voy a comprar un abanico **para** mi madre. | I am going to buy a fan for my mother. |
| Le recomiendo estas pastillas **para** el dolor de cabeza. | I recommend these tablets for headaches. |

## NEGATIVES

nada (nothing)
nadie (no-one)
ni ... ni (neither ... nor)
ninguno/ninguna/ningunos/ningunas (none)
no (no)
nunca/jamás (never)

Negative sentences usually start with no:

| | |
|---|---|
| **No** me gusta el queso. | I do not like cheese. |
| **No** tengo hermanas. | I have not got any sisters. |

There can be two or more negative words in a sentence:

| | |
|---|---|
| **No** tengo **nada**. | I have not got anything. |
| **No** pido ayuda a **nadie**. | I do not ask anyone for help. |
| **No** voy **nunca**. | I never go. |
| **No** tengo **ninguna** espinilla. | I have not got any spots. |
| **No** como **ni** carne **ni** pescado. | I eat neither meat nor fish. |
| **No** pienso hacer camping **nunca jamás**. | I never want to go camping again. |

When sentences start with a negative word no is not needed:

| | |
|---|---|
| **Nunca** hago las compras. | I never do the shopping. |
| **Nadie** llegó tarde. | No-one arrived late. |
| **Ningún** alumno ha hecho los deberes. | None of the pupils have done the homework. |

## VERBS

### The familiar form
You use this form when you are talking to friends, relations and children. Use the tú form for one person and the vosotros/vosotras form for more than one person.

### The polite form
You use this form when you are talking to adults who are not close friends or relatives. Use the usted form for one person and the ustedes form for more than one person.

In Spanish, you do not usually need to use the subject pronouns (yo, tú, él, etc) because the verb endings show which person is referred to.

### Verbs with infinitives
Acabar de + infinitive is used to describe something that has just happened:

| | |
|---|---|
| Acabo de ver una película genial. | I have just seen a brilliant film. |
| Acaba de llegar el tren. | The train has just arrived. |

Ir a + infinitive is for talking about things that are going to happen soon:

| | |
|---|---|
| Voy a ir a España en agosto. | I am going to go to Spain in August. |
| ¿Cuándo vas a venir? | When are you going to come? |

Deber + infinitive is useful for describing what you ought to do:
Para tener buena salud debes comer bien y no debes fumar.
To be healthy you should eat well and you should not smoke.

Tener que + infinitive describes what you have to do:

| | |
|---|---|
| Tengo que ir al banco. | I have to go to the bank. |
| Tienes que venir porque va a ser una fiesta estupenda. | You have to come because it is going to be a great party. |

### Tener idioms
Tener is used to describe physical feelings:

| | | | |
|---|---|---|---|
| Tengo hambre/sed. | I am hungry/thirsty. | Tengo calor/frío. | I am hot/cold. |
| Tengo miedo/sueño. | I am frightened/sleepy. | | |

Tener ganas de + infinitive also describes what you feel like:

| | | | |
|---|---|---|---|
| Tengo ganas de llorar. | I feel like crying. | Tengo ganas de vomitar. | I feel sick. |

### Llevar and hacer
Llevar and hace or desde hace can be used to talk about something that starts in the past and continues in the present:

| | |
|---|---|
| **Llevo** dos años jugando en este equipo. | I have been playing in this team for two years. |
| **Hace** cuatro años que vivimos en Madrid. | We have been living in Madrid for four years. |
| Juego al fútbol **desde hace** cinco años. | I have been playing football for five years. |

*Answer these questions in Spanish using* llevar, hace *or* desde hace.
*They could be useful in a speaking exam.*
¿Desde hace cuánto tiempo estudias español?
¿Dónde vives? ¿Desde hace cuánto tiempo vives allí?
¿Qué deportes practicas? ¿Cuánto tiempo hace que los practicas?

## Soler

Soler is like poder. Use it in the present tense to describe something you usually do or in the imperfect tense to describe something you used to do.

| | |
|---|---|
| Suelo ir al cine los fines de semana. | I usually go to the cinema at weekends. |
| Solía andar en bicicleta todos los días cuando era pequeño. | When I was little I used to ride my bike every day. |

## Saber and conocer

Saber

There are two verbs which mean to know in Spanish. Saber is to know facts. It also means to know how to do something:

| | |
|---|---|
| Para los exámenes tenéis que saber todos los verbos. | You have to know all the verbs for the exams. |
| Mateo sabe conducir pero no sabe montar a caballo. | Mateo can drive but he cannot ride a horse. |

Conocer

Conocer means to be acquainted with.

| | |
|---|---|
| ¿Conoces a mi prima? | Do you know my cousin? |
| ¿Conoces Sevilla? | Do you know Seville? |

## The impersonal form with 'se'

Use the third person singular with 'se' and an infinitive in sentences such as:

| | |
|---|---|
| Se puede alquilar bicicletas. | It is possible to hire bikes. |
| Se prohibe encender fuegos. | It is forbidden to light fires. |
| Se ruega a los alumnos guardar silencio en la biblioteca. | Pupils are requested to be silent in the library. |

## The present continuous tense

The present continuous describes something that is happening at the time of speaking:

| | |
|---|---|
| ¿Qué estás haciendo? | What are you doing? |
| Estoy leyendo. | I am reading. |

It is formed by adding the gerund (-ing) to the present tense of estar:

| | -ar | -er | -ir |
|---|---|---|---|
| Estoy (I am) | habl-ando (talking) | com-iendo (eating) | sal-iendo (going out) |

Notice the irregular gerund form of these verbs:

| | |
|---|---|
| dormir (to sleep) | durmiendo |
| seguir (to follow/continue) | siguiendo |
| sentir (to feel) | sintiendo |
| vestir (to dress) | vistiendo |

## The perfect tense

The perfect tense is used to describe recent past events or things that have happened in a period of time that has not finished yet:

| | |
|---|---|
| Hoy he fregado los platos y he sacado la basura. | Today I have washed the dishes and put the rubbish out. |
| Mi madre ha salido a pasear al perro. | My mum has gone out to walk the dog. |
| Hemos estudiado mucho este año. | We have worked hard this year. |

The perfect tense is formed using the present tense of haber and the past participle of the verb:

| haber | -ar | -er | -ir | |
|---|---|---|---|---|
| he | trabajado | comido | salido | I have worked/eaten/gone out |
| has | | | | you have |
| ha | | | | he, she, it, you (polite form) |
| hemos | | | | we |
| habéis | | | | you |
| han | | | | they, you (polite form) |

Some verbs have irregular participles:

| abrir (to open) | He abierto la lata. I have opened the tin. |
|---|---|
| escribir (to write) | He escrito la carta. I have written the letter. |
| hacer (to make/do) | He hecho la cama. I have made the bed. |
| poner (to put) | He puesto la ropa en la lavadora. I have put the clothes in the washing machine. |
| romper (to break) | ¿Te has roto la pierna? Have you broken your leg? |
| ver (to see) | No lo he visto hoy. I have not seen him today. |
| volver (to return) | No han vuelto todavía. They have not come back yet. |

## The imperfect tense

Use the imperfect tense to describe the following in the past:

things that used to happen:

Cuando tenía 5 años me gustaba ir al parque todos los días.
When I was 5 years old I liked to go to the park every day.

places, objects and people:

La chica era alta, tenía el pelo largo y llevaba gafas. The girl was tall, had long hair and wore glasses.

background description that is secondary to the main action:

Eran las doce de la noche. Hacía viento y llovía. Entró en la casa el asesino con un cuchillo largo.
It was midnight. It was windy and it was raining. The murderer entered the house with a long knife.

The imperfect is formed by replacing the infinitive endings -ar, -er, -ir with the imperfect endings:

| | -ar | |
|---|---|---|
| jugar (to play) | jug**aba** | I used to play |
| | jug**abas** | you used to play |
| | jug**aba** | he, she, it, you (polite form) used to play |
| | jug**ábamos** | we used to play |
| | jug**abais** | you used to play |
| | jug**aban** | they, you (polite form) used to play |

| | -er | |
|---|---|---|
| comer (to eat) | com**ía** | I used to eat |
| | com**ías** | you used to eat |
| | com**ía** | he, she, it, you (polite form) used to eat |
| | com**íamos** | we used to eat |
| | com**íais** | you used to eat |
| | com**ían** | they, you (polite form) used to eat |

Verbs ending in -ir take the same imperfect endings as -er verbs:

| vivir (to live) | vivía | I used to live |
|---|---|---|
| dormir (to sleep) | dormía | I used to sleep |
| salir (to go out) | salía | I used to go out |

Ir (to go) and ser (to be) are irregular in the imperfect:

ir        iba, ibas, iba, íbamos, ibais, iban

ser       era, eras, era, éramos, erais, eran

## The future tense

Form the future tense by adding these endings to any infinitive:

| | |
|---|---|
| comprar**é** | I will buy |
| comprar**ás** | you will buy |
| comprar**á** | he, she, it, you (polite form) will buy |
| comprar**emos** | we will buy |
| comprar**éis** | you will buy |
| comprar**án** | they, you (polite form) will buy |

The verbs with an irregular form in the future tense have the same irregular stem in the conditional:

| | | | |
|---|---|---|---|
| decir (to say) | diré | I will say | |
| haber (to have) | habré | I will have | (habrá there will be) |
| hacer (to make/do) | haré | I will do/make | |
| poder (to be able) | podré | I will be able | |
| poner (to put) | pondré | I will put | |
| querer (to like/love) | querré | I will like/love | |
| saber (to know) | sabré | I will know | |
| salir (to go out) | saldré | I will go out | |
| venir (to come) | vendré | I will come | |

## The conditional tense

Form the conditional by adding the following endings to the infinitive form of the verb:

| | |
|---|---|
| ser**ía** | I would be |
| ser**ías** | you would be |
| ser**ía** | he, she, it, you (polite form) would be |
| ser**íamos** | we would be |
| ser**íais** | you would be |
| ser**ían** | they, you (polite form) would be |

The endings are always the same:

| | |
|---|---|
| iría | I would go |
| estaría | I would be |
| tomaría | I would take |
| comería | I would eat |
| dormiría | I would sleep |

But some verbs have an irregular stem in the conditional:

| | | | |
|---|---|---|---|
| decir (to say) | diría | I would say | |
| haber (to have) | habría | I would have | (habría there would be) |
| hacer (to make/do) | haría | I would make/do | |
| poder (to be able) | podría | I would be able | |
| poner (to put) | pondría | I would put | |
| querer (to like/love) | querría | I would like/love | |
| saber (to know) | sabría | I would know | |
| salir (to go out) | saldría | I would go out | |
| tener (to have) | tendría | I would have | |
| venir (to come) | vendría | I would come | |

## The subjunctive

The subjunctive form is used when expressing opinions, wishes, doubts, hopes, orders and fears:

| | |
|---|---|
| Espero que todo te vaya bien. | I hope everything will go well for you. |
| A los profesores les molesta que hagamos tanto ruido. | It annoys the teachers that we make so much noise. |
| Te prohibo que salgas. | I forbid you to go out. |
| Le recomiendo que guarde cama. | I recommend that you stay in bed. |

The subjunctive also follows negative statements of opinions such as:

| | |
|---|---|
| No creo que las corridas de toros sean crueles. | I do not believe that bullfights are cruel. |
| El médico no opina que sea muy grave la quemadura. | The doctor does not think the burn is very serious. |

Form the subjunctive by taking the first person singular of the present tense and adding: -e, -es, -e, -emos, -éis, -en to -ar verbs. Add -a, -as, -a, -amos, -áis, -an to -ir and -er verbs.

| | |
|---|---|
| hable | hablemos |
| hables | habléis |
| hable | hablen |

| | |
|---|---|
| coma | comamos |
| comas | comáis |
| coma | coman |

Remember that some verbs have an irregular first person singular form in the present tense and this provides the stem for the subjunctive.

caer - caigo - caiga
conducir - conduzco - conduzca
decir - digo - diga
hacer - hago - haga
oír - oigo - oiga
salir - salgo - salga
tener - tengo - tenga
valer - valgo - valga
venir - vengo - venga

These verbs are completely irregular in the subjunctive:

dar - dé, des, de, demos, déis, den
haber - haya, hayas, haya, hayamos, hayáis, hayan
ir - vaya, vayas, vaya, vayamos, vayáis, vayan
saber - sepa, sepas, sepa, sepamos, sepáis, sepan

## Regular verbs  Group 1

| tomar  to take | | | | |
|---|---|---|---|---|
| | *present* | | *preterite* | |
| (yo) | tomo | I take | tomé | I took |
| (tú) | tomas | you take | tomaste | you took |
| (él/ella) | toma | he/she/it takes | tomó | he/she/it took |
| (usted) | | you (polite form) take | | you (polite form) took |
| (nosotros/as) | tomamos | we take | tomamos | we took |
| (vosotros/as) | tomáis | you take | tomasteis | you took |
| (ellos/ellas) | toman | they take | tomaron | they took |
| (ustedes) | | you (polite form) take | | you (polite form) took |

| *perfect* | | *imperfect* | |
|---|---|---|---|
| he tomado | I have taken | tomaba | I used to take |
| has tomado | you have taken | tomabas | you used to take |
| ha tomado | he, she, it, you (polite form) has taken | tomaba | he, she, it, you (polite form) used to take |
| hemos tomado | we have taken | tomábamos | we used to take |
| habéis tomado | you have taken | tomabais | you used to take |
| han tomado | they, you (polite form) have taken | tomaban | they, you (polite form) used to take |

| *future* | | *conditional* | |
|---|---|---|---|
| tomaré | I will take | tomaría | I would take |
| tomarás | you will take | tomarías | you would take |
| tomará | he, she, it, you (polite form) will take | tomaría | he, she, it, you (polite form) would take |
| tomaremos | we will take | tomaríamos | we would take |
| tomaréis | you will take | tomaríais | you would take |
| tomarán | they, you (polite form) will take | tomarían | they, you (polite form) would take |

| *present continuous* | | *present subjunctive* |
|---|---|---|
| estoy tomando | I am taking | tome |
| estás tomando | you are taking | tomes |
| está tomando | he, she, it, you (polite form) is/are taking | tome |
| estamos tomando | we are taking | tomemos |
| estáis tomando | you are taking | toméis |
| están tomando | they, you (polite form) are taking | tomen |

Verbs which follow this pattern are:

comprar to buy

| *present* | compro | I buy |
|---|---|---|
| *preterite* | compré | I bought |
| *perfect* | he comprado | I have bought |
| *imperfect* | compraba | I used to buy |
| *future* | compraré | I will buy |
| *conditional* | compraría | I would buy |
| *present continuous* | estoy comprando | I am buying |
| *present subjunctive* | compre | I buy |

| ayudar | to help | llevar | to carry, to wear |
|---|---|---|---|
| bailar | to dance | mandar | to send |
| cambiar | to change | patinar | to skate |
| estudiar | to study | trabajar | to study |
| ganar | to win | | |

## Regular verbs Group 2

comer to eat

| *present* | *preterite* | *perfect* | *imperfect* |
|---|---|---|---|
| como | comí | he comido, etc. | comía |
| comes | comiste | | comías |
| come | comió | | comía |
| comemos | comimos | | comíamos |
| coméis | comisteis | | comíais |
| comen | comieron | | comían |

| *future* | *conditional* | *present continuous* | *present subjunctive* |
|---|---|---|---|
| comeré | comería | estoy comiendo, etc. | coma |
| comerás | comerías | | comas |
| comerá | comería | | coma |
| comeremos | comeríamos | | comamos |
| comeréis | comeríais | | comáis |
| comerán | comerían | | coman |

These verbs follow the same pattern as comer:

aprender to learn      beber to drink      correr to run      deber to owe, ought to

Ver and leer are similar:

ver to see

| *present* | *preterite* | *perfect* | *imperfect* |
|---|---|---|---|
| veo | vi | he visto, etc. | veía |
| ves | viste | | veías |
| ve | vio | | veía |
| vemos | vimos | | veíamos |
| veis | visteis | | veíais |
| ven | vieron | | veían |

| *future* | *conditional* | *present continuous* | *present subjunctive* |
|---|---|---|---|
| veré | vería | estoy viendo, etc. | vea |
| verás | verías | | veas |
| verá | vería | | vea |
| veremos | veríamos | | veamos |
| veréis | veríais | | veáis |
| verán | verían | | vean |

leer to read

| *present* | *preterite* | *perfect* | *imperfect* |
|---|---|---|---|
| leo | leí | he leído, etc. | leía |
| lees | leíste | | leías |
| lee | leyó | | leía |
| leemos | leimos | | leíamos |
| leéis | leísteis | | leíais |
| leen | leyeron | | leían |

| *future* | *conditional* | *present continuous* | *present subjunctive* |
|---|---|---|---|
| leeré | leería | estoy leyendo, etc. | lea |
| leerás | leerías | | leas |
| leerá | leería | | lea |
| leeremos | leeríamos | | leamos |
| leeréis | leeríais | | leáis |
| leerán | leerían | | lean |

Creer follows the same pattern as leer

## Regular verbs Group 3

vivir to live

| *present* | *preterite* | *perfect* | *imperfect* |
|---|---|---|---|
| vivo | viví | he vivido, etc. | vivía |
| vives | viviste | | vivías |
| vive | vivió | | vivía |
| vivimos | vivimos | | vivíamos |
| vivís | vivisteis | | vivíais |
| viven | vivieron | | vivían |

| *future* | *conditional* | *present continuous* | *present subjunctive* |
|---|---|---|---|
| viviré | viviría | estoy viviendo, etc. | viva |
| vivirás | vivirías | | vivas |
| vivirá | viviría | | viva |
| viviremos | viviríamos | | vivamos |
| viviréis | viviríais | | viváis |
| vivirán | vivirían | | vivan |

Other verbs that follow this pattern:

escribir to write     salir to go out

## Irregular verbs

dar to give

| *present* | *preterite* | *perfect* | *imperfect* |
|---|---|---|---|
| doy | di | he dado, etc. | daba |
| das | diste | | dabas |
| da | dio | | daba |
| damos | dimos | | dábamos |
| dais | disteis | | dabais |
| dan | dieron | | daban |

| future and conditional tenses are both regular: | | *present continuous* | *present subjunctive* |
|---|---|---|---|
| daré | daría, etc. | estoy dando, etc. | dé |
| | | | des |
| | | | dé |
| | | | demos |
| | | | deis |
| | | | den |

decir to say, tell

| *present* | *preterite* | *perfect* | *imperfect* |
|---|---|---|---|
| digo | dije | he dicho, etc. | decía |
| dices | dijiste | | decías |
| dice | dijo | | decía |
| decimos | dijimos | | decíamos |
| decís | dijisteis | | decíais |
| dicen | dijeron | | decían |

| *future* | *conditional* | *present continuous* | *present subjunctive* |
|---|---|---|---|
| diré | diría | estoy diciendo, etc. | diga |
| dirás | dirías | | digas |
| dirá | diría | | diga |
| diremos | diríamos | | digamos |
| diréis | diríais | | digáis |
| dirán | dirían | | digan |

**hacer** to do, to make

| *present* | *preterite* | *perfect* | *imperfect* |
|---|---|---|---|
| hago | hice | he hecho, etc. | hacía |
| haces | hiciste | | hacías |
| hace | hizo | | hacía |
| hacemos | hicimos | | hacíamos |
| hacéis | hicisteis | | hacíais |
| hacen | hicieron | | hacían |

| *future* | *conditional* | *present continuous* | *present subjunctive* |
|---|---|---|---|
| haré | haría | estoy haciendo, etc. | haga |
| harás | harías | | hagas |
| hará | haría | | haga |
| haremos | haríamos | | hagamos |
| haréis | haríais | | hagáis |
| harán | harían | | hagan |

**ir** to go

| *present* | *preterite* | *perfect* | *imperfect* |
|---|---|---|---|
| voy | fui | he ido, etc. | iba |
| vas | fuiste | | ibas |
| va | fue | | iba |
| vamos | fuimos | | íbamos |
| vais | fuisteis | | ibais |
| van | fueron | | iban |

| future and conditional tenses are both regular: | | *present continuous* | *present subjunctive* |
|---|---|---|---|
| iré | iría, etc. | estoy yendo, etc. | vaya |
| | | | vayas |
| | | | vaya |
| | | | vayamos |
| | | | vayáis |
| | | | vayan |

**poner** to put

| *present* | *preterite* | *perfect* | *imperfect* |
|---|---|---|---|
| pongo | puse | he puesto, etc. | ponía |
| pones | pusiste | | ponías |
| pone | puso | | ponía |
| ponemos | pusimos | | poníamos |
| ponéis | pusisteis | | poníais |
| ponen | pusieron | | ponían |

| *future* | *conditional* | *present continuous* | *present subjunctive* |
|---|---|---|---|
| pondré | pondría | estoy poniendo, etc. | ponga |
| pondrás | pondrías | | pongas |
| pondrá | pondría | | ponga |
| pondremos | pondríamos | | pongamos |
| pondréis | pondríais | | pongáis |
| pondrán | pondrían | | pongan |

**saber** to know

| *present* | *preterite* | *perfect* | *imperfect* |
|---|---|---|---|
| sé | supe | he sabido, etc. | sabía |
| sabes | supiste | | sabías |
| sabe | supo | | sabía |
| sabemos | supimos | | sabíamos |
| sabéis | supisteis | | sabíais |
| saben | supieron | | sabían |

| *future* | *conditional* | *present continuous* | *present subjunctive* |
|---|---|---|---|
| sabré | sabría | estoy sabiendo, etc. | sepa |
| sabrás | sabrías | | sepas |
| sabrá | sabría | | sepa |
| sabremos | sabríamos | | sepamos |
| sabréis | sabríais | | sepáis |
| sabrán | sabrían | | sepan |

**tener** to have

| *present* | *preterite* | *perfect* | *imperfect* |
|---|---|---|---|
| tengo | tuve | he tenido, etc. | tenía |
| tienes | tuviste | | tenías |
| tiene | tuvo | | tenía |
| tenemos | tuvimos | | teníamos |
| tenéis | tuvisteis | | teníais |
| tienen | tuvieron | | tenían |

| *future* | *conditional* | *present continuous* | *present subjunctive* |
|---|---|---|---|
| tendré | tendría | estoy teniendo, etc. | tenga |
| tendrás | tendrías | | tengas |
| tendrá | tendría | | tenga |
| tendremos | tendríamos | | tengamos |
| tendréis | tendríais | | tengáis |
| tendrán | tendrían | | tengan |

**traer** to bring

| *present* | *preterite* | *perfect* | *imperfect* |
|---|---|---|---|
| traigo | traje | he traído, etc. | traía |
| traes | trajiste | | traías |
| trae | trajo | | traía |
| traemos | trajimos | | traíamos |
| traéis | trajisteis | | traíais |
| traen | trajeron | | traían |

| future and conditional tenses are both regular: | | *present continuous* | *present subjunctive* |
|---|---|---|---|
| traeré | traería, etc. | estoy trayendo, etc. | traiga |
| | | | traigas |
| | | | traiga |
| | | | traigamos |
| | | | traigáis |
| | | | traigan |

Caer (to fall) follows the same pattern as traer.

**venir** to come

| present | preterite | perfect | imperfect |
|---|---|---|---|
| vengo | vine | he venido, etc. | venía |
| vienes | viniste | | venías |
| viene | vino | | venía |
| venimos | vinimos | | veníamos |
| venís | vinisteis | | veníais |
| vienen | vinieron | | venían |

| future | conditional | present continuous | present subjunctive |
|---|---|---|---|
| vendré | vendría | estoy viniendo, etc. | venga |
| vendrás | vendrías | | vengas |
| vendrá | vendría | | venga |
| vendremos | vendríamos | | vengamos |
| vendréis | vendríais | | vengáis |
| vendrán | vendrían | | vengan |

**ser** to be*

| present | preterite | perfect | imperfect |
|---|---|---|---|
| soy | fui | he sido, etc. | era |
| eres | fuiste | | eras |
| es | fue | | era |
| somos | fuimos | | éramos |
| sois | fuisteis | | erais |
| son | fueron | | eran |

| future and conditional tenses are both regular: | | present continuous | present subjunctive |
|---|---|---|---|
| seré | sería, etc. | estoy siendo, etc. | sea |
| | | | seas |
| | | | sea |
| | | | seamos |
| | | | seáis |
| | | | sean |

**estar** to be*

| present | preterite | perfect | imperfect |
|---|---|---|---|
| estoy | estuve | he estado, etc. | estaba |
| estás | estuviste | | estabas |
| está | estuvo | | estaba |
| estamos | estuvimos | | estábamos |
| estáis | estuvisteis | | estabais |
| están | estuvieron | | estaban |

| future and conditional tenses are both regular: | | present subjunctive |
|---|---|---|
| estaré | estaría, etc. | esté |
| | | estés |
| | | esté |
| | | estemos |
| | | estéis |
| | | estén |

* There are two verbs meaning 'to be': ser and estar.

### Ser

Ser is for describing permanent, unchanging things. It is used before a noun, a pronoun, a determiner (such as numerals or demonstratives) and infinitives.

Es un perro.
Este suéter es tuyo.
Soy yo.
Somos cuatro en mi familia.
Lo importante es escuchar bien.

Ser is used to describe professions, relationships and nationality:
Mi madre es profesora.
Alicia es mi novia.
Soy irlandés.

Ser is used for time, dates, number and price:
Es la una.
Son las doce y media.
Hoy es viernes. Es el 1 de marzo.
Son ciento cincuenta pesetas.

Ser is used for impersonal expressions such as:
Es importante.
Es interesante.

### Estar

Estar describes positions and temporary conditions:
¿Dónde está tu casa?
Está al lado de la iglesia.
El rojo está de moda este año.

Estar expresses how you feel mentally and physically:
¿Cómo estás?
Hoy estoy fatal.
Juan está contento.

Estar also describes the state of something that might change:
La puerta estaba cerrada.
Mi dormitorio está desordenado.
El vaso está vacío.

Notice the difference between:
La paella es un plato típico de Valencia.
¡Umm! Esta paella está buenísima. ¿Quieres probar un poco?

*Practise* -ar, -er *and* -ir *verbs in various tenses by writing about the following:*
who does which jobs around the house (present tense); what you used to do when you were younger (imperfect tense); what you have done so far today, this week or this term (perfect tense); what your family would do if they won the lottery (conditional tense); what you will do when you leave school (future tense).

## Radical changing verbs

Some verbs follow a pattern in which the middle letters change:

jugar to play

| present | preterite | present subjunctive |
|---------|-----------|---------------------|
| juego | jugué | juegue |
| juegas | jugaste | juegues |
| juega | jugó | juegue |
| jugamos | jugamos | juguemos |
| jugáis | jugasteis | juguéis |
| juegan | jugaron | jueguen |

For other tenses jugar follows the same pattern as -ar verbs in group 1.

querer to want, to love

| present | preterite | perfect | imperfect |
|---------|-----------|---------|-----------|
| quiero | quise | he querido, etc. | quería |
| quieres | quisiste | | querías |
| quiere | quiso | | quería |
| queremos | quisimos | | queríamos |
| queréis | quisisteis | | queríais |
| quieren | quisieron | | querían |

| future | conditional | present continuous | present subjunctive |
|--------|-------------|--------------------|---------------------|
| querré | querría | estoy queriendo, etc. | quiera |
| querrás | querrías | | quieras |
| querrá | querría | | quiera |
| querremos | querríamos | | queramos |
| querréis | querríais | | queráis |
| querrán | querrían | | quieran |

poder to be able (can)

| present | preterite | perfect | imperfect |
|---------|-----------|---------|-----------|
| puedo | pude | he podido, etc. | podía |
| puedes | pudiste | | podías |
| puede | pudo | | podía |
| podemos | pudimos | | podíamos |
| podéis | pudisteis | | podíais |
| pueden | pudieron | | podían |

| future | conditional | present continuous | present subjunctive |
|--------|-------------|--------------------|---------------------|
| podré | podría | estoy pudiendo, etc. | pueda |
| podrás | podrías | | puedas |
| podrá | podría | | pueda |
| podremos | podríamos | | podamos |
| podréis | podríais | | podáis |
| podrán | podrían | | puedan |

dormir to sleep

| present | preterite | perfect | imperfect |
|---|---|---|---|
| duermo | dormí | he dormido, etc. | dormía |
| duermes | dormiste | | dormías |
| duerme | durmió | | dormía |
| dormimos | dormimos | | dormíamos |
| dormís | dormisteis | | dormíais |
| duermen | durmieron | | dormían |

| future and conditional tenses are both regular: | | *present continuous* | *present subjunctive* |
|---|---|---|---|
| dormiré | dormiría etc. | estoy durmiendo, etc. | duerma |
| | | | duermas |
| | | | duerma |
| | | | durmamos |
| | | | durmáis |
| | | | duerman |

sentir to feel

| present | preterite | present subjunctive |
|---|---|---|
| siento | sentí | sienta |
| sientes | sentiste | sientas |
| siente | sintió | sienta |
| sentimos | sentimos | sintamos |
| sentís | sentisteis | sintáis |
| sienten | sintieron | sientan |

Sentir follows the same pattern as vivir in the other tenses but note that the gerund is sintiendo. Vestir (to dress) and divertir (to enjoy) are like sentir. Their third person forms in the preterite change the first 'e' to 'i': vistió, vistieron; divirtió, divirtieron. Also the gerund for the present continuous follows the same pattern: vistiendo, divirtiendo.

## Reflexive verbs

Reflexive verbs have object pronouns before the different parts of the verb.

levantarse to get up

| present | preterite | perfect | imperfect |
|---|---|---|---|
| me levanto | me levanté | me he levantado, etc. | me levantaba |
| te levantas | te levantaste | | te levantabas |
| se levanta | se levantó | | se levantaba |
| nos levantamos | nos levantamos | | nos levantábamos |
| os levantáis | os levantasteis | | os levantabais |
| se levantan | se levantaron | | se levantaban |

| future and conditional tenses are regular: | | *present continuous* | *present subjunctive* |
|---|---|---|---|
| me levantaré | me levantaría etc. | me estoy levantando, etc. | me levante |
| | | | te levantes |
| | | | se levante |
| | | | nos levantemos |
| | | | os levantéis |
| | | | se levanten |

Verbs which follow this pattern are:

| | | | |
|---|---|---|---|
| afeitarse | to shave | lavarse | to have a wash |
| arreglarse | to get ready | llamarse | to be called |
| bañarse | to have a bath | peinarse | to do one's hair |

Look at radical changing verbs and levantarse and you will see how these reflexive verbs work:

| | |
|---|---|
| acostarse | to go to bed |
| divertirse | to enjoy oneself |
| vestirse | to get dressed |

## Gustar

Me gusta really means 'it is pleasing to me'.

Use gusta with singular nouns and with verbs in the infinitive:

Me gusta el español.

No me gusta el alemán.

Me gusta jugar al fútbol.

Me gusta ir al cine.

Use gustan with plural nouns:

Me gustan los gatos.

No me gustan las serpientes.

| | |
|---|---|
| me gusta/gustan | I like |
| te gusta/gustan | you like |
| le gusta/gustan | he, she, it likes |
| | you like (polite) |
| nos gusta/gustan | we like |
| os gusta/gustan | you like (familiar) |
| les gusta/gustan | they like |
| | you like (polite) |

Other verbs which work in the same way are:

| | |
|---|---|
| me encanta/encantan | I love |
| me interesa/interesan | I am interested in |
| me molesta/molestan | I am annoyed by |
| me preocupa/preocupan | I am worried about |
| me hace falta/hacen falta | I need |

## Quedar

This verb is like gustar when it means to remain or be left.

| | |
|---|---|
| No me queda pan. | I have not got any bread left. |
| No me quedan monedas. | I have got any coins left. |

It can also work as a reflexive verb meaning to stay.

Nos quedamos en un hotel excelente.     We stayed in an excellent hotel.

*Write a list of things you do when preparing to go to a party using reflexive verbs.*

*Choose the appropriate impersonal verbs to give your views on the following:*
la contaminación, los animales, los coches, los ordenadores, el tráfico, la política, las matemáticas, el chocolate

# Vocabulario español – inglés

## A

¿a cuánto está la libra? – what is the value of the pound?
a más de – (at) more than
a mitad de precio – at half the price
¿a nombre de quién? – in whose name?
¿a qué distancia está? – how far is it?
a través – throughout
a veces – sometimes
abierto/a – open
abre/se abre – it opens
abren – they open
el abrigo – coat
abrocharse – to fasten
acaba de llegar – he/she has just arrived
acababa de – he/she had just
acaban de – they have just
acabar de – to have just
acabo de – I have just
la acción erosiva – the erosive action
el aceite – oil
las aceitunas – black olives
aceptando – accepting
aceptar – to accept
actuar – to work/function
acudimos – we attended/came
acudir – to attend
además – futhermore
adónde – where
adorar – to love
adoro – I love
la aduana – customs
aducir – to offer as proof
el aeropuerto – airport
el aficionado – fan, keen on
la agencia de viajes – travel agency
agradable – pleasant
agradar – to please
agradecer – to thank
el agua (fem) – water
el agua mineral con gas – fizzy mineral water
el agua mineral sin gas – still mineral water
ahora – now
al (a + el) – on, to
al llegar – on arriving
al salir – on leaving
el albergue – lodgings/hostel
el albergue juvenil – youth hostel
la alcachofa – artichoke
una alfombra – rug
¿algo más? – anything else?
algún – some
el aliento – breath
la alimentación – food
allí – there
alquilan – they rent/hire
alquilar – to rent/to hire
vamos
a alquilar – we are going to hire
altura de – height of
alucinar – to fascinate
alucinarás – you will be fascinated
amable – kind, nice
amarrado/a – tied
amarrar – to tie

el ambiente – the surroundings, environment, atmosphere
un amigo por correspondencia – penfriend
animarse – to liven up/to cheer up
el año – year
anoche – last night
el antiséptico – antiseptic
anunciar – to announce
el anuncio – advertisement
apagar – to put out (fire)
aparece – appears
aparecer – to appear
aparte de – apart from
aparte de eso – apart from that
aparte de sacar – apart from taking out
el apellido – surname
el aperitivo – appetizer
apetecer – to feel like (food)/to appeal
aplíquese – apply oneself
aprender – to learn
aproximadamente – approximately
apuntar – to make a note of
aquél – that one (masc)
aquélla – that one (fem)
aquéllas – those ones (fem)
aquéllos – those ones (masc)
el árbol – tree
el armario – wardrobe
un armario de salón – cabinet
un arnés – harness
arraigado/a – deep-rooted (custom)
la/lo arreglaremos – we will fix it
arreglarla/lo – to fix it
el artículo – article
el ascensor – lift
los aseos – toilets
así – so, in this way
el asiento – seat
asombroso/a – amazing
las aspirinas – aspirins
la astronomía – astronomy
atrever – to dare to
aumentar – to increase
aunque – although
auténticamente – authentically
el autobús – bus
el automóvil – car
el automovilista – motorist
la autopista – motorway
el avión – aeroplane
la avispa – wasp
ayudar – to help
el ayuntamiento – town hall
el azúcar – sugar

## B

bajar – to go down, to descend
bajarse – to get off (e.g. a bus)
el banco – bank
una barra de pan – loaf of bread
el barrio – area
basado/a – based
la batería – drums
besar – to kiss
besos – kisses (signing off a letter to a close friend)
bienvenido/a – welcome
el billete – ticket

un billete sencillo – single ticket
un billete de ida y vuelta – return ticket
la boca – mouth
el bollo de crema – cream bun
una bolsa – bag
el bolsillo – pocket
el bosque – wood
las botas – boots
una botella – bottle
buen viaje – safe journey
lo bueno – the good thing
buscar – to look for
buscarte – to look for you/to meet you
busco – I look for/am looking for

## C

la cabeza – head
cada – each
cada vez – each time
un café descafeinado – decaffeinated coffee
un café solo – black coffee
una cafetera – coffee pot
el cajero automático – cash machine
los calamares – squid
los calcetines – socks
la calculadora – calculator
el caldo – consommé
la calidad – quality
una cama de matrimonio – double bed
una cama individual – single bed
el camarero – waiter
cambiar – to change
te cambiará la vida – will change your life
cambiármelas – to change them (fem, plural) for me
el camino – road/path
el camión – lorry
la camisa – blouse
la camiseta – T-shirt
una campaña – campaign
el campo de trigo – wheat field
cancelar – to cancel
el canguro – waterproof cagoule
las cápsulas – capsules
el carajillo – coffee with alcohol (usually brandy)
las caricaturas – caricatures
el carnet de conducir – driving licence
el carnet de identidad – identity card
la carnicería – butcher's
la carretera – road, highway
la carta – letter
cartear – to write to each other
la cartelera – billboard
la casa – house
el castillo – castle
causar incendios – to cause fires
el cava – (Spanish) champagne
celebrar – to celebrate
cenar – to dine
el cenicero – ashtray
el centro – centre
cerrado/a – closed
la cerveza – beer
la cerveza de barril – draught beer
el champiñón – mushroom
la chaqueta impermeable – waterproof jacket

los cheques de viaje – traveller's cheques
el chiste – joke
chocar – to crash
chocaron – they crashed
el chorizo – pork sausage
las chuletas de cordero – lamb chops
el cielo está cubierto – cloudy sky
el cielo está despejado – clear sky
cierra/se cierra – it closes
cierran – they close
el cigarrillo – cigarette
la ciudad – city
clase club – club class
clase turista – second class
el cliente – client
el coche – car
el cochinillo – piglet, suckling pig
el cóctel – cocktail
el código postal – postcode
el comedor – dining room
como la/lo que – like that which
cómo no – of course
la comodidad – security
comparaba – compared
comparar – to compare
comprar – to buy
compraría – he/she would buy
comprobar los neumáticos – to check the tyres
con – with
con plomo – leaded
el coñac – cognac, brandy
el concierto – concert
conducir – to drive
conectar – to connect
el conejo – rabbit
confesar – to confess
confieso – I confess
confirmar – to confirm
el congelador – freezer
conmigo – with me
conocer – to know (a person)
conocerte – to know you
el consejo – advice
el consultorio – surgery
el contador – mileometer
contar – to count
el contestador automático – answer phone
contéstame pronto – write to (answer) me soon
contigo – with you
el control de seguridad – security check
control: policía – passport control
la copa – glass
el cordero – lamb
el correo electrónico – e-mail
correr peligro – to run the risk of
corto/a – short
las cosas – things
costar – to cost
la crema – cream (ointment)
la cremallera – zip
cuánto – how much
cuanto antes – as soon as possible
¿cuánto cuesta? – how much does it cost?
¿cuánto es en total? – how much in all?
¿cuánto tiempo tarda en llegar? – how long does it take to get there?
la cuarta parte de – a quarter of

el cuarto – room
la cuchara – spoon
el cuchillo – knife

**D**

da – give(s)
dales – give them
dando – giving
dañino/a – harmful
dar – to give
darse cuenta – to realize
los datos personales – personal details
de marca – designer
de mi parte – on my behalf
de nada – you're welcome
de primer plato – first course
de segundo plato – second course
de todos modos – anyway/anyhow
de vez en cuando – from time to time
debemos – we must
decidir – to decide
decir – to say
declarar – to declare
el dedo – finger
la degradación – degradation
déjame probar – let me try
dejar – to let/to allow
deletrear – to spell out
deletrearlo – to spell it
demasiado picante/s – too spicy
deme ... – give me
demostrar – to demonstrate
demuestras – you demonstrate/show
el deportista – sportsperson
el depósito – deposit
derecha – right
el derecho – the right
desaparecer – to disappear
descolgar – to unhook
el descuento – discount
descuidar – to neglect
desde – from
desde hace – for
desde ... hasta/de ... a ... – from ... to ...
le desea – wishes you (polite form)
desear – to wish
la desertización – the reversion of land to desert conditions
la desforestación – deforestation
la despedida – farewell/send-off
despedir – to say goodbye to
el desperdicio – waste
después – afterwards, later
detestar – to hate
detesto – I hate
diario/a – daily, everyday
el dibujo – drawing
me dices – you tell me
diciendo – saying
el diente – tooth
¿diga? – hello (telephone greeting)
el dinero – money
la dirección – direction
el diseño – design
el dólar – dollar
el domicilio actual – present abode
¿dónde puedo cambiar dinero? – where can I change money?
la dosis especificada – the stated dose

la droguería – store that sells toiletries
dulce – sweet
durar – to last

**E**

ecológico/a – ecological
ecosistemas frágiles – fragile ecosystem
la edad – age
elegir – to choose
elegirías – you would choose
emparéjalos – match them up
emparejar – to match
en caja – at the till
en efectivo – in cash
en seguida – straight away
encantado/a de conocerle/la – pleased to meet you
encantar – to really like
encantará – you/he/she will really like
encantaría – you/he/she would really like
encender – to light
encontrar – to find
una encuesta – survey
los encuestados – the people surveyed
la ensalada mixta – mixed salad
enseña – shows/teaches
enseñar – to show/to teach
entonces – then
la entrada – entrance
los entremeses – starters (hors d'œuvres)
enviar – to send
enviar la confirmación – to send confirmation
enviarme – to send me
el equipaje – luggage
el equipo – team
el equipo estereofónico – stereo system
equivaler – to be equivalent to
era – it/he/she was
eres – you are
ésa – that one (fem)
ésas – those ones (fem)
el escalope de ternera – veal steak
escribió – he/she wrote
escribir – to write
escuchar – to listen to
es demasiado – it is too much
es tarde – it is late
ese – that (masc)
el esfuerzo – effort
ésos – those ones (masc)
la espalda – back
el espectáculo – performance
el espejo – mirror
esperar – to wait
la esquina – corner
está abierto/a – it is open
está averiado/a – it is (has) broken down
está buenísimo/a – it is very good
está causado/a – it is caused
está cerrado/a – it is closed
está estacionado/a – it is parked
está incluido el servicio – service charge included (restaurant)
¿está incluido el/la ...? – is the ... included?

está lloviendo – it is raining
está nevando – it is snowing
está nublado – it is cloudy (overcast)
está/n bueno/a/s – it is/they are good/tasty
la estación de servicio – service station
el estadio – stadium
la estancia – stay
el estante de madera – wooden shelf
estar a favor – to be in favour
estar constipado/a – to have a cold
estar en contra – to be against
estar enfermo/a – to be ill
estar estreñido/a – to be constipated
estar harto – to be fed up
estar malo/a/s – to feel ill
estar mareado/a – to feel sick (and dizzy)
estar resfriado/a – to have a cold
estás en tu casa – feel at home
éste – this one (masc)
éstos – these ones (masc)
estimado/a – Dear ... (formal letter)
el estómago – stomach
la estrella – star
estropeado/a – damaged
estropear – to damage
estudiar – to study
un estudio – study
evitar – to avoid
explicando – explaining
explicar – to explain

### F

la facturación – check-in
facturar – to check-in
la falda – skirt
faltar – to miss
la farmacia – pharmacy, chemist's
la fecha – date
la fecha de nacimiento – date of birth
fenomenal – terrific
la ficha – form
el filete de ternera – veal steak
firmar – to sign
la flecha – arrow
el florero – vase/florist
el folleto – brochure
el fondo del mar – bottom of the sea
el formulario – form
francés/francesa – French
el franco – franc
frecuentamos – we go to
frecuentar – to go to
fresco/a – fresh
la fruta del tiempo – fruit of the season
la frutería – fruit shop
fue construido – was built
la fuente de contaminación ambiental – source of environmental pollution
fuimos – we went
fuma – he/she smokes
fumador – smoking
no fumador – non-smoking
fumar – to smoke

### G

la gallina – chicken (hen)
el gallo – chicken (cockerel)
la gamba – shrimp
la garganta – throat

una gaseosa – fizzy drink
la gasolina – petrol
la gasolinera – petrol station
gastar – to waste
el gel de baño – bath foam
genial – fabulous, wonderful, brilliant
gigantesco/a – huge
la ginebra – gin
gracias por todo – thank you for everything
los grandes almacenes – department stores
gratuito/a – free
los guantes – gloves
guardar silencio – to keep quiet
los guisos – stews
gustar – to like
me gustaría – I would like
te gustaría – you would like
el gusto ha sido mío – the pleasure was (has been) mine

### H

ha encargado – has commissioned
ha ido – has been
ha perdido – has lost
ha revelado – has revealed
la habilidad – ability
los hábitos de consumo – consumer habits
hable (imperative) – speak
hable después de la señal – speak after the tone
hablo – I speak
hace buen tiempo – it is nice weather
hace calor – it is hot
hace frío – it is cold
hace mal tiempo – it is bad weather
hace siglos – ages ago
hace sol – it is sunny
hace viento – it is windy
hacerlo – to do it
hacía calor ayer – it was hot yesterday
no hagas el tonto – don't be silly
han cancelado – they have cancelled
hará calor mañana – it will be hot tomorrow
has oído – you have heard
hasta pronto – see you soon
hay – there is/there are
¿hay ... por aquí? – is there a ... around here?
hay heladas – there is frost
hay que – it is necessary
hay que cambiarlo – it is necessary to change it
¿hay que pagar comisión? – is it necessary to pay commission?
hay tormenta – there is a storm
¿hay un/una? – is there a ...?
hazlo – do it
he hecho daño – I've hurt
he visitado – I have visited
he vomitado – I have vomited
hectáreas – hectares
un helado – ice cream
hemos tenido – we have had
herir – to hurt
la hierba – herb, grass

hirieron – they hurt
histórico/a – historical
la historieta – cartoon strip
hora local – local time
el horario – timetable
hoy por la tarde – this afternoon
huelen a rayo – they stink
la humanidad – humanity
la humedad – humidity
el humo – smoke

### I

el idioma – language
he ido – I have been
la imagen – image
impediría – would obstruct
importar – to matter
inaugurar – to open
inauguró – was opened
incendiar – to set fire to
el incendio forestal – forest fire
incómodo/a – uncomfortable
increíble pero cierto – strange but true
el incremento – increase
el individuo – individual
la información – information
informarse – to find out
innecesariamente – unnecessarily
el instituto – school
un intercambio – exchange
interesado/a – interested
interesarse – to be interested in
el invierno – winter
el/la invitado/a – guest
ir de viaje – to go on a trip
iré – I will go
izquierda – left

### J

el jamón – ham
el jamón serrano – cured ham
el jarabe – syrup
el jarabe para la tos – cough mixture
el jarro de cerámica – ceramic jug
el jerez – sherry
las judías – beans
judías verdes – string beans
el juego – game
juego – I play
jugar – to play

### L

la lámpara de mesa – table lamp
lanzar – to throw
largo/a – long
una lata – tin
los lavabos – toilets
la lavadora – washing machine
la lavandería – launderette
el lavavajillas – dishwasher
¿le conviene ...? – does ... suit you?
la leche – milk
la lechuga – lettuce
lento/a – slow
les ruego – I ask you
les saluda muy atentamente – yours sincerely
los letreros – signs/posters
levantarse – to get (oneself) up
la libra (esterlina) – pound sterling
ligero/a – light
limpiar – to clean

la línea – line
la lista de compras – shopping list
la lista de precios – price list
la lista de vinos – wine list
llamar la atención – to attract attention
llamar por teléfono – to phone
le llamaremos – we will call you (polite)
la llegada internacional – international arrival
las llegadas – arrivals
llegarás – you will arrive
llegaremos dentro de ... – we will arrive within ...
llegaremos sobre ... – we will arrive around ...
llenar – to fill
llénelo de súper – fill it up with four star (imperative)
llevamos esperando – we have been waiting
llevaré – I will take
llorar – to cry
llover – to rain
llueve – it rains/it is raining
lo antes posible – as soon as possible
lo siento, hoy no tenemos – I'm sorry, today we don't have any
lo siento, no quedan – I'm sorry we've sold out
lo siguiente – the following
lo/la peor – the worst thing
la localidad – locality
el lomo embuchado – sausage
los demás – the rest
la lubina – sea-bass
las luces – lights
los lugares – places
la luz – light

**M**

la macedonia de frutas – fruit salad
madrileño/a – person from Madrid
las maletas – suitcases
mañana por la mañana – tomorrow morning
mañana por la tarde – tomorrow afternoon
una mancha – stain
manchar – to stain
mandar – to send
la manga – sleeve
el mantel – tablecloth
mantener – to maintain
el manto vegetal – plant covering
el maquillaje de marca – designer make-up
marchar – to leave
el marisco – shellfish
más de la mitad – more than half
más o menos – more or less
más tarde – later
me dan asco – they disgust me
me duele el/la ... – ... hurts me
me has manchado – you have stained my ...
me he cortado – I have cut myself
me he picado – I've been stung
me he quemado – I've burnt (myself)

me he roto ... – I've broken ...
me he torcido ... – I've twisted ...
me lo llevo – I'll take it
me puede poner ... litros de súper – (can you) fill up the car with ... litres of four star
¿me puede poner agua en el radiador? – can you fill up the radiator (with water)?
¿me puede recomendar algo? – can you recommend something (to me)?
me viene bien – that suits me
mediante – by means of, through
los medicamentos – medicine
el medio ambiente – environment
el medio de pago – means of payment
el melocotón – peach
¡menos mal! – just as well
el mensaje – message
la mentalidad – mentality
el menú del día – set menu
la merienda – afternoon snack
la merluza – hake
el metro – underground (train)
el microondas – microwave
el miedo – fear
minusválido/a – disabled
mismo/a – same
la moda – fashion
molestar – to bother
las monedas – coins
la morcilla – black pudding
el mostrador – counter
mostrar – to show
muchísimo/a – very much
mucho más – much more
mucho menos – much less
la muela – tooth
muéstrame – show me
el mundo – world
el museo – museum

**N**

nadar – to swim
la nariz – nose
la nata – cream
la naturaleza – nature
una nave espacial – spaceship
ni ... ni – neither ... nor
nieva – it is snowing
la nieve – snow
no causes – don't cause
no dejes – don't leave
no gastes – don't waste
no importa – it doesn't matter
no me gusta/n nada – I don't like it/them at all
no me siento bien – I don't feel well
no sobrepase – don't exceed
no tires – don't throw
no trajo – he/she didn't bring
la noche anterior – the night before
noruego/a – Norwegian
nos hemos perdido – we are lost/ we have lost
el número de matrícula – licence (plate) number
el número de teléfono – telephone number

**O**

obligatorio/a – obligatory
la oferta – offer

la oficina de cambio – bureau de change
ofrecer – to offer
el oído – hearing, ear
oír – to hear
el ojo – eye
oler – to smell
el olor – the smell
el oporto – port (wine)
la oreja – ear
el otoño – autumn

**P**

pagar – to pay
el paisaje – landscape
el pan – bread
un pan de molde – standard loaf
la panadería – bread shop
la pantalla – screen
los pantalones cortos – shorts
el papel – paper
para que – in order that, so that
el parabrisas – windscreen
parar – to stop
me parece bien – it seems good to me
un partido – game
pásame – pass me (e.g. at dinner table)
el pasaporte – passport
pasar – to spend, to pass (time)
pasarlo en grande – to have a great time
el pasatiempo – hobby
la pasta de dientes – toothpaste
la pastelería – cake shop
las pastillas – tablets
la patata – potato
el pedazo – piece
pedí – I asked
pedir – to ask
la película – film
el pelo – hair
el peñón – crag, rock
pensamos – we think
pensar – to think
la pensión – guest house
perder – to lose
perderse – to get lost
perdido/a – lost
¡perdón! – sorry!
la pescadería – fishmonger's
picante/s – hot, spicy
pídelos – ask for them
el pie – foot
la pierna – leg
las pilas – batteries
la pimienta – pepper (as in salt and ...)
el pimiento – pepper (as in green, red)
la piña natural – fresh pineapple
el pinchazo – puncture
la pista – court
el planeta – planet
el plano – plan
el plato – plate
el plomo – lead
podemos ir – we can go to
poder – to be able to
podrás – you will be able to
el polideportivo – sports centre
la pomada – cream
pon – put (imperative)
ponerse en contacto – to get in touch

¿por cuánto tiempo? – for how long?
¿por dónde se va a ...? – how do you get to?
por ello – for that reason
por fin – at last
¿por qué otra razón? – for what (other) reason?
por suerte – fortunately
por término medio – in the short term
el postre – dessert
la preferencia – preference
preferido/a – preferred
la prenda de vestir – article of clothing
presentarse – to introduce oneself
la primavera – spring
la primera persona – first person
la prioridad – priority
procedente – coming from
un producto lácteo – dairy product
prohibido comer – forbidden to eat
prometer – to promise
la propina – tip
propio/a – own
proponer – to propose, put forward
próximo/a – next
pruébalo – try it
el pueblo – small town, village
¿puede comprobar el aceite? – can you check the oil?
¿puede comprobar el agua? – can you check the water?
¿puede comprobar el aire? – can you check the air?
¿puede comprobar el motor? – can you check the engine?
¿puede comprobar la batería? – can you check the battery?
¿puede comprobar los cinturones de seguridad? – can you check the seat belts?
¿puede comprobar los frenos? – can you check the brakes?
¿puede enseñarme ...? – can you show me ...?
¿puede enseñarme su pasaporte? – can you show me your passport?
puedes – you can
el puente – bridge
el puenting – bungee jumping
la puerta de embarque – departure gate
el punto de encuentro – meeting point
un punto de vista – point of view

## Q

¡qué bien! – great!
¿qué color prefiere? – which colour do you prefer?
¿qué pasa? – what is wrong?
¿qué servicios ofrece? – what facilities do you have?
¿qué tal? – how are you?
¿qué tal le queda? – how does it suit you? (formal) (clothes)
¿qué talla usa usted? – what size are you? (formal)
¿queda ...? – does it fit?
no queda – it doesn't fit
la queja – complaint
el queso – cheese

¿quieres probar? – do you want to try?
quisiera – I would like
quisiera cambiar – I would like to change
quisiera reservar – I would like to reserve
quisimos – we wanted
quitar – to remove

## R

la raqueta – racket
rasgado/a – torn, ripped
rasgar – to tear, to rip
el recado – message
la recepcionista – receptionist
rechazar – to reject
recibir – to receive
el recibo – receipt
reciclar – to recycle
recoger – to collect
la recogida de equipaje – baggage reclaim
recomendar – to recommend
reconocer – to recognize
el recorrido – journey
los recursos naturales – natural resources
la red – internet
reflejar – to reflect
el refresco – refreshment
reír – to laugh
rellenar – to fill in
la reparación – repair
el reportaje – article
reservamos – we reserve
reservar – to reserve
respetar – to respect
el retraso – delay
revelar – to reveal
revuelto/a – scrambled
rico/a – rich, delicious
el riesgo – risk
el río – river
rodeado/a – surrounded
el ron – rum
la ropa de marca – designer clothes
roto/a – broken
ruidoso/a – noisy
la rutina diaria – daily routine

## S

la sábana – sheet
saber – to know (knowledge)
sacar – to take out
el saco de dormir – sleeping bag
la sal – salt
la sala de cine – cinema
salado/a/s – salty
el saldo – balance
saldría – he/she would go out
sale – he/she goes out
las salidas – departures
salimos – we went out
salir – to go out
el salmón – salmon
saltar – to jump
salteado/a – sauté
la salud – health
los saludos – greetings
salvar – to save
la sangría – fruit punch
se considera – is considered

se encuentra – is found
se habla inglés – English is spoken
se la/lo cambio – I'll change it for you
se prohibe – is forbidden
se puede – you/one can
¿se puede cambiar ... aquí? – can you change ... here? (money)
se ruega – please ...
seguir hasta ... – continue until ...
según – according to
según punto de destino – according to destination
la seguridad – safety
la selva – jungle
la semana que viene – the following week
la señal – signal (telephone)
el sentido – direction
en el sentido de las agujas del reloj – clockwise
sentir – to feel
la sequía – drought
los servicios de urgencia – emergency services
sí, claro – yes, of course
si fuera – if I were (subjunctive)
si tuviera – If I had
el SIDA – AIDS
la sidra – cider
siempre – always
lo siento – I'm sorry
la siesta – afternoon nap
el siglo – century
la siguiente – the following
la silla de cocina – kitchen chair
la silla de comedor – dining room chair
el sillón – armchair
sin – without
sin plomo – unleaded
el sistema solar – solar system
el sitio – place
sobre todo – above all
sobrepasar – to exceed
solamente – only
soléis – you (plural) tend to
solemos – we tend to
soler – to tend to
solía – he/she tended to
solíais – you (plural) tended to
solíamos – we tended to
solías – you (singular) tended to
solo superado/a – only exceeded
el solomillo – sirloin
el sonido – sound
soportar – to put up with
soportaría – he/she would put up with
una sorpresa – surprise
subirse – to get in (e.g. car)
sucio/a – dirty
suelen – they tend to
sueles – you (singular) tend to
suelo – I tend to
sugerir – to suggest
sujetado/a – fastened
sujetar – to fasten
sumergirse – to submerge, dive
una superficie – surface
el surtido ibérico – selection of cold meat (pork)

## T

el taller – workshop
también – as well
tampoco – neither
tan … como… – as … as …
(comparisons)
tarda – takes (journey time)
tardar – to take
tardará – will take
la tarifa especial – special tariff
la tarjeta – card
la tarjeta de afiliación – membership
card
la tarjeta de crédito – credit card
la tarjeta de embarque – boarding card
la taza – cup
el té con limón – lemon tea
¿te/le duele algo? – does something
hurt you?
la tela – material
temprano – early
el tenedor – fork
tenemos que – we have to
tener – to have
tener fiebre – to have a fever
tener ganas – to feel like doing
something
tener hambre – to feel hungry
tener la gripe – to have flu
tener la pierna rota – to have a
broken leg
tener la rodilla hinchada – to have
a swollen knee
tener mucha prisa – to be in a hurry
tener tos – to have a cough
tener una avería – (to have) a
breakdown
tener una herida – to have an injury
tener una insolación – to be
sunburnt
tengo – I have
tengo dolor de – I have … ache
tengo ganas – I feel like …
tenía – I had
la terraza – terrace
el territorio – territory
el tiburón – shark
el tiempo – weather, season
las tiendas libres de impuestos – duty
free shops
tiene que tomar … – you have to
take
¿tienes fiebre? – do you have a
temperature?
la tierra fértil – fertile land
la tintorería – dry cleaner's
típico/a – typical, characteristic
el tipo – type
tirar – to throw, to shoot
tirar con arco – archery
las tiritas – plasters
el tocador – dressing table
tocar – to touch
el tomate – tomato
la tortilla – omelette
la tortilla al gusto – omelette to own
taste
transmitir – to transmit, to pass on
trasero/a – back, rear
el tratamiento – treatment

tratar de usted a … – to address as
usted (i.e. formal)
el tren – train
un trozo – piece
el turco – turk
tuvimos – we had

## U

usa – use
usar – to use
usted es muy amable – you are
very kind
utilizan – they use
utilizar – to use

## V

el vacío – space
la vajilla para el comedor – dining
service
la vajilla para la cocina – kitchen
crockery
vale – OK
valer la pena – to be worth it
valía la pena – it was worth it
vamos a ver – let's see
varios/as – several
vas a estar – you are going to be
el vaso – glass
ve (imperative) – go
veces – times (from: vez)
la vela – candle
la velocidad – speed
la ventanilla – small window
ver – to see
el verano – summer
verás – you will see
la verbena – outdoor party
verlo – to see it
la vez – time
el viaje – trip
el viajero – traveller
el vicio – vice
el vidrio – glass
el vinagre – vinegar
el vino blanco – white wine
el vino rosado – rosé wine
el vino tinto – red wine
visitar – to visit
vivir – to live
vivo – I live
vivo/en directo – live (as in a live
show)
volveremos – we will return
vomitar – to vomit
el vuelo – flight
vuelva pronto – come back soon

## Y

ya está – that's it
ya no quedan – we've run out
(stock)

## Z

el zumo – juice

# Vocabulario inglés – español

to be
    able to – poder
to accept – aceptar
    according to – según
    advertisement – el anuncio
    advice – el consejo
    aeroplane – el avión
this afternoon – esta tarde
    afterwards – después
to be
    against – estar en contra de
    ages ago – hace siglos
    AIDS – el SIDA
    airport – el aeropuerto
    always – siempre
    amazing – asombroso/a
to announce – anunciar
    answerphone – el contestador automático
    anyhow/anyway – de todos modos
    area – el barrio
    armchair – el sillón
    arrivals – llegadas
to arrive – llegar
    as soon as possible – cuanto antes/lo antes posible
    as ... as ... (comparisons) – tan ... como ...
to ask – preguntar
    aspirins – las aspirinas
    as well – también
    at last – por fin
    atmosphere – el ambiente
    autumn – el otoño
to avoid – evitar

    back – la espalda
    bag – la bolsa
    baggage reclaim – la recogida de equipaje
    bank – el banco
    beer – la cerveza
    blouse – la camisa
    boarding card – la tarjeta de embarque
    boots – las botas
to bother – molestar
    bread shop – la panadería
    brochure – el folleto
    bureau de change – la oficina de cambio
    butcher's – la carnicería

    cake shop – la pastelería
to call – llamar
    campaign – una campaña
    can you change ... here? – ¿se puede cambiar ... aquí?
    can you check the air? – ¿puede comprobar el aire?
    can you check the battery? – ¿puede comprobar la batería?
    can you check the brakes? – ¿puede comprobar los frenos?
    can you check the engine? – ¿puede comprobar el motor?
    can you check the oil? – ¿puede comprobar el aceite?
    can you check the seat belts? – ¿puede comprobar los cinturones de seguridad?

    can you check the water? – ¿puede comprobar el agua?
to cancel – cancelar
    capsules – las cápsulas
    cash machine – el cajero automático
    castle – el castillo
to celebrate – celebrar
    centre – el centro
to change – cambiar
to check the tyres – comprobar los neumáticos
    check-in – la facturación
to check-in – facturar
to cheer up – animarse
    cheese – el queso
to choose – elegir
    city – la ciudad
to clean – limpiar
    client – el cliente
    clockwise – en el sentido de las agujas del reloj
    closed – cerrado/a
it closes – se cierra
    club class – clase club
black coffee – un café solo
decaffeinated coffee – un café descafeinado
    coins – las monedas
to compare – comparar
    complaint – la queja
    concert – el concierto
to confess – confesar
to confirm – confirmar
    corner – la esquina
    cough mixture – el jarabe para la tos
to count – contar
    court – la pista
to crash – chocar
    cream – la nata
    cream (ointment) – la crema
    credit card – la tarjeta de crédito
    cured ham – el jamón serrano
    customs – la aduana

    daily – diario/a
    daily routine – la rutina diaria
    dairy product – el producto lácteo
to damage – estropear
to dare – atrever
    date of birth – la fecha de nacimiento
    Dear ... (formal letter) – estimado/a
to decide – decidir
to declare – declarar
    deforestation – la desforestación
    delay – el retraso
to demonstrate – demostrar
    department stores – los grandes almacenes
    departures – las salidas
    deposit – el depósito
    design – el diseño
    designer clothes – la ropa de marca
    dessert – el postre
    dining room – el comedor
    direction – la dirección
    dirty – sucio/a
to disappear – desaparecer
    discount – el descuento
    dishwasher – el lavavajillas

    does it fit? – ¿le/te queda?
it doesn't fit – no queda
I don't feel well – no me siento bien
I don't know – no sé
I don't like it/them at all – no me gusta/n nada
    double bed – la cama matrimonial
to drive – conducir
    driving licence – el carnet de conducir
    dry cleaner's – la tintorería
    duty free shops – las tiendas libres de impuestos

    e-mail – el correo electrónico
    each time – cada vez
    ear – la oreja
    early – temprano/a
    ecological – ecológico/a
    effort – el esfuerzo
    environment – el ambiente
    exchange – un intercambio
to explain – explicar
    eye – el ojo

    fan – el aficionado
    farewell – la despedida
    fashion – la moda
to fasten – sujetar
to be in favour – estar a favor
    fear – el miedo
to be
    fed up – estar harto
to feel – sentir
to feel hungry – tener hambre
to feel ill – estar malo
to feel like (eating) – apetecer
I feel like – me apetece/tengo ganas
to feel sick (dizzy) – estar mareado
to fill – llenar
to fill in – rellenar
    fill it up with four star – llénelo de súper
    finger – el dedo
    first – primero/a
    first course – el primer plato
    fishmonger's – la pescadería
    fizzy drink – una gaseosa
    flight – el vuelo
the following week – la semana que viene
    food – la alimentación
    foot – el pie
    for (time) – desde hace (10 años)
    for that reason – por ello
    forest fire – el incendio forestal
    fork – el tenedor
    form – la ficha
    fortunately – por suerte
    freezer – el congelador
    fresh – fresco/a
    from – desde
    from time to time – de vez en cuando
    from ... to ... – desde ... hasta .../ de ... a ...
    fruit shop – la frutería
    furthermore – además

game – el partido
to get in – subirse
to get lost – perderse
to give – dar
to go down – bajarse
to go on a trip – ir de viaje
to go out – salir
to go to – frecuentar
great! – ¡genial!
guest – el invitado
guest house – el hostal

hair – el pelo
ham – el jamón
hand – la mano
harmful – dañino/a
to hate – detestar
to have a breakdown – tener una avería
I have ... ache – tengo dolor de ...
to have a broken leg – tener la pierna rota
to have flu – tener la gripe
to have a cough – tener tos
to have a fever – tener fiebre
to have a great time – pasarlo en grande
I have been stung – me he picado
I have broken – me he roto
I have burnt ... – me he quemado ...
I have cut myself – me he cortado
I have hurt – me he dañado
to have just – acabar de
I have twisted – me he torcido
I have visited – he visitado
head – la cabeza
health – la salud
to hear – oír
hello (telephone greeting) – ¿diga?
hobby – el pasatiempo
hot, spicy – picante
how are you? – ¿qué tal?
how do you get to ...? – ¿por dónde se va a ...?
how long does it take to get there? – ¿cuánto tiempo tarda en llegar?
how much does it cost? – ¿cuánto cuesta?
how much altogether? – ¿cuánto es en total?
to be in a
hurry – tener mucha prisa

I'm sorry – lo siento
identity card – el carnet de identidad
if I had – si tuviera
if I were – si fuera
to imagine – imaginar
in cash – en efectivo
in order that – para que
in the morning – por la mañana
increase – un incremento
international arrival – la llegada internacional
internet – la red
invitation – la invitación
is closed – se cierra
is open – se abre
is there a ... around here? – ¿hay un/una ... por aquí?
is there a ....? – ¿hay un/una...?
it's raining – está lloviendo/llueve

it is (has) broken down – está averiado
it is caused – está causado
it is closed – está cerrado
it is cloudy (overcast) – está nublado
it is cold – hace frío
it is hot – hace calor
it is late – es tarde
it is necessary – es necesario
it is snowing – está nevando/ nieva
it is sunny – hace sol
it is very good – está riquísimo/a
it is windy – hace viento

joke – el chiste
journey – el recorrido
jungle – la selva

kind – amable
kiss – el beso
knife – el cuchillo
to know (a person) – conocer
to know (knowledge) – saber

lamb – el cordero
lamb chops – las chuletas de cordero
landscape – el paisaje
language – el idioma
to last – durar
last night – anoche
to laugh – reír
launderette – la lavandería
leaded – con plomo
to learn – aprender
to leave – dejar
leg – la pierna
let me try – déjame probar
letter – la carta
lift – el ascensor
light – la luz
to listen to – escuchar
live – en vivo/en directo
to liven up – animarse
loaf of bread – una barra de pan
to look for – buscar
lorry – el camión
to lose – perder
love and kisses – besos
luggage – el equipaje

material – la tela
membership card – la tarjeta de afiliación
message – el mensaje/el recado
microwave – el microondas
milk – la leche
fizzy
mineral water – el agua mineral con gas
still
mineral water – el agua mineral sin gas
mixed salad – la ensalada mixta
more or less – más o menos
motorist – el automovilista
motorway – la autopista
mouth – la boca
museum – el museo
mushroom – el champiñón

nature – la naturaleza
neither ... nor – ni... ni ...

never – nunca
nice – amable
noisy – ruidoso/a
non-smoking – no fumador
nose – la nariz

oil – el aceite
omelette – la tortilla
on, above – sobre
only – solamente
open – abierto/a
it opens – se abre

paper – el papel
to pass – pasar
pass me (e.g. at dinner table) – pásame
passport – el pasaporte
path – el camino
penfriend – un amigo por correspondencia
personal details – los datos personales
petrol – la gasolina
petrol station – la gasolinera
pharmacy – la farmacia
to phone – llamar por teléfono
piece – un pedazo
plate – el plato
I play – juego
pleased to meet you – encantado/a de conocerle/la
pocket – el bolsillo
postcode – el código postal
potato – la patata
pound sterling – la libra (esterlina)
to practise – practicar
puncture – el pinchazo

racket – la raqueta
rain – la lluvia
to read – leer
receipt – el recibo
receptionist – la recepcionista
to recognize – reconocer
to recycle – reciclar
refreshment – el refresco
to reserve – reservar
to respect – respetar
return ticket – el billete de ida y vuelta
rich, delicious – rico/a
river – el río
road – la carretera/el camino

safe journey – buen viaje
salt – la sal
salty – salado/a
school – el instituto
season – la estación, el tiempo
seat – el asiento
second class – clase turista
second course – de segundo plato
to send – enviar/mandar
to send confirmation – enviar confirmación
send me – envíame
service charge included – servicio incluido
service station – la gasolinera
set menu – el menú del día
several – varios/as
sheet – la sábana

shellfish – el marisco
shopping list – la lista de compras
short – corto/a
to show – enseñar
to sign – firmar
single bed – la cama individual
single ticket – el billete sencillo
skirt – la falda
sleeping bag – el saco de dormir
slow – lento/a
small town – el pueblo
to smell – oler
to smoke – fumar
smoking – fumador
snow – la nieve
socks – los calcetines
sometimes – a veces
speak after the tone – hable
después de la señal
I speak – hablo
to spell out – deletrear
to spend (time) – pasar
spoon – la cuchara
sports centre – el polideportivo
sportsperson – el deportista
spring – la primavera
stadium – el estadio
starters (hors d'œuvres) – los
entremeses
stomach – el estómago
straight away – en seguida
string beans – judías verdes
to study – estudiar
to suggest – sugerir
suitcases – las maletas
summer – el verano
to be
sunburnt – tener una insolación
surname – el apellido
survey – una encuesta
sweet – dulce
to swim – nadar

T-shirt – la camiseta
tablecloth – el mantel
table lamp – la lámpara de mesa
I will
take it – me lo llevaré
to teach – enseñar
team – el equipo
to tear – rasgar
telephone number – el número de
teléfono
to tend to – soler
I tend to – suelo
thank you for everything – gracias
por todo
that (masc) – ese
that one (fem) – aquélla, ésa
that one (masc) – aquél, ése
the worst thing – lo peor
there is a storm – hay una tormenta
these ones (masc) – éstos
to think – pensar
this one (masc) – éste
those ones (fem) – aquéllas, ésas
those ones (masc) – aquéllos, ésos
throat – la garganta
throughout – a través
ticket – el billete
time – el tiempo
timetable – el horario

tomorrow afternoon – mañana por
la tarde
tomorrow morning – mañana por
la mañana
tooth – la muela
toothpaste – la pasta de dientes
town hall – el ayuntamiento
travel agency – la agencia de viajes
traveller's cheques – los cheques de
viaje

underground (train) – el metro
to unhook – descolgar
unleaded – sin plomo
to use – utilizar

waiter – el camarero
wardrobe – el armario
washing machine – la lavadora
wasp – la avispa
to waste – gastar
waterproof jacket – la chaqueta
impermeable
waterproof cagoule – el canguro
what is wrong? – ¿qué pasa?
where – donde
where can I change money? –
¿dónde puedo cambiar dinero?
winter – el invierno
to wish – desear
workshop – el taller
world – el mundo
to be
worth it – valer la pena
I would like to change – quisiera
cambiar
I would like to reserve – quisiera
reservar
to write to each other – cartear

yes of course – sí, cómo no
you're welcome – de nada
yours sincerely – le saluda
atentamente
youth hostel – el albergue juvenil

# Las instrucciones

Acuérdate de tratar de usted a ... – Remember to address ... with the formal 'you'

Apunta – Note down

Cambia el siguiente diálogo – Change the following dialogue

Compara – Compare

Completa el diálogo con las palabras de la lista – Fill in the dialogue with words from the list

Completa la información que falta – Fill in the missing information

Contesta las siguientes preguntas – Answer the following questions

Dando tu propio punto de vista – Giving your own point of view

Describe – Describe

Elige – Choose

Elige la conversación que corresponde al mensaje escrito – Choose the conversation that matches the message

Empareja las respuestas con las preguntas – Match the answers to the questions

Emparéjalos – Match them up

Empleando las preguntas de las actividades – Using questions from activities ...

... en el orden correcto – ... in the correct order

Enseña – Show

Escribe sobre – Write about

Escribe un anuncio – Write an advert

Escribe un párrafo diciendo ... – Write a paragraph saying...

Escucha la cinta – Listen to the tape

Escucha otra vez – Listen again

Estar a favor – To be in favour

Estar en contra – To be against

Haz los papeles de ... – Play the roles of ...

Haz una lista – Make a list

Haz una lista de las frases útiles – Make a list of the useful sentences

Imagina que – Imagine that

Lee el correo electrónico y contesta las preguntas – Read the e-mail and answer the questions

Lee el diario – Read the diary

Lee el texto con las fotos – Look at the text with the photos

Lee este artículo – Read this article

Lee las siguientes frases – Read the following sentences

Luego escribe diez frases – Then write ten sentences

Mira – Look at

Mira el folleto – Look at the leaflet

Pide y da información – Ask for and give information

Por turnos – Take it in turns

Pregunta a tu compañero/a – Ask your partner

Rellena la ficha – Fill in the form

Trabaja con tu compañero/a – Work with your partner

Usa el diccionario – Use your dictionary